2018

法制传播研究

（第一辑）

人民公安报社　编

群众出版社
·北　京·

图书在版编目（CIP）数据

2018 法制传播研究．第一辑/人民公安报社编．—北京：群众出版社，2018.5

ISBN 978－7－5014－5812－7

Ⅰ.①2…　Ⅱ.①人…　Ⅲ.①法律—文集　Ⅳ.①D9－53

中国版本图书馆 CIP 数据核字（2018）第 085716 号

2018 法制传播研究（第一辑）

人民公安报社　编

出版发行：群众出版社
地　　址：北京市西城区木樨地南里
邮政编码：100038
经　　销：新华书店
印　　刷：北京市泰锐印刷有限责任公司

版　　次：2018 年 5 月第 1 版
印　　次：2018 年 5 月第 1 次
印　　张：10
开　　本：787 毫米×1092 毫米　1/16
字　　数：127 千字

书　　号：ISBN 978－7－5014－5812－7
定　　价：35.00 元

网　　址：www.qzcbs.com
电子邮箱：qzcbs@163.com

营销中心电话：010－83903254
读者服务部电话（门市）：010－83903257
警官读者俱乐部电话（网购、邮购）：010－83903253
公安业务分社电话：010－83905672

卷首语

得新媒体者得天下

关　清

土耳其总统埃尔多安通过新媒体的技术手段，直接诉诸民众，粉碎了原本有可能会成功的军事政变——政变者已经控制了电视台，在过去这离政变成功就只有一步之遥了；

美国总统特朗普依靠互联网和新媒体走进了白宫，他的推特成为全球瞩目的焦点，被称为“推特总统”。

真可谓“得新媒体者得天下”。

这一辑，我们从一群媒体工作者的视角，来看待得新媒体者如何“得天下”。

随着互联网技术不断发展，特别是移动互联网时代的到来，手机成了人的数字器官，几乎须臾难离。我们总是无法免于身处信息未知的恐惧中。受众的阅读行为从原先的慢读模式转变为现在的速读模式，碎片化信息充斥生活；从原先“受众是一无所知的”到现在“受众是无所不知的”，知识获取的扁平化让“高手在民间”屡见不鲜；从原先“消息来源”是重要的到现在“在哪里最方便读到”是重要的，决定了流量向“头部公众号”集中。面对纷繁复杂纷至沓来源源不断的各类信息，原来的媒体生产方式已不能适应人们的需求。于是，新媒体大行其道。

今天，以微博、微信、客户端为代表的“两微一端”已经成了传统媒体转型融合的标配。但是，拥有了“两微一端”就是“报

（台）网融合”吗？答案一定是否定的。转型和融合不仅仅体现在基本形式上，更是内容、运营、商业的彻底融合。要把思维真正变成“互联网＋”，而不是“＋互联网”，利用新媒体发展的红利，以“网”为主来加速推进融合转型。正义网总裁覃匡龙的《从传播力到服务力：政法新媒体再出发》，中国警察网新媒体中心张飞的《没有新旧之分，只是思维差异》和《人民公安》杂志编辑部孔大为的《融媒体发展态势及其新挑战》，都给我们提供了很好的思路。

近两年，抖音、快手、知乎、大鱼号、企鹅号、一点号、网易号、头条号、百家号、喜马拉雅、哔哩哔哩……一大堆新媒体平台如雨后春笋般的涌现，“两微一端”也已成为新媒体中的“传统媒体”。技术的不断升级，让新媒体迭代加速，新的形式、平台越来越多；平台的不断涌现，让内容黏性逐渐下降，很多东西被稀释掉了。这些，反而又给了传统媒体以机会，毕竟传统媒体处在新闻生产链的上游，原创能力普遍强于新媒体。无论是传统媒体，还是新媒体，“内容为王”始终没有变。

什么样的内容才是最适合新媒体传播的呢？“小编”x说：“我们新媒体人要做新‘四有新人’——有情、有趣、有用、有料。”我给他改成了“有情、有趣、有用、有品”，一个新媒体，品格还是很重要的。徐琦的《不忘初心，讲好警察故事》，李明明的《如何打造一个优秀的公安自媒体》都对此做了一定的阐释。

作为全国公安唯一的综合性门户网站、唯一拥有互联网新闻信息服务许可证的单位，中国警察网一直致力于打造全国公安网络宣传舆论主阵地。这既是职责所在，更是使命担当。本辑中的“中警网论坛”栏目的十篇文章，从不同的侧面反映了中国警察网这些年的努力和探索。特别是在新媒体领域，中国警察网的建设起步较早，但发展缓慢。如何才能在强手如林的新媒体领域“杀”出一片新天地？我们认为：只有紧跟信息流动的方向，才能切准新媒体的脉搏；只有在受众集聚的地方传播，才有可能达到最好的传播效果。说白了，只要不停地被需要，体量自然就能做大。为此，我们将中国警察网定位为民警、辅警的“服务专员”，老百姓的“安全顾问”；提出了“效率优先、兼顾公平、携手奋进、合作共赢”的经营理念，对内提升“效率”，对外突出“合作”；利用最新的技术手段和平台，着力构建线上话语权和影响力。比如，我们通过微信小程序，推出了“我巡逻的每一步都在帮助战友”大型公益活动，将民警、辅警及其家人和平安志愿者们每天走路的步数捐献出来，折算成一定金额，来帮助牺牲民（辅）警家庭和困难战友。现在，每天上“中警网”小程序捐步已成为很多人的习惯。再如，我们将入驻抖音和腾讯微视等新平台，在流量聚集的地方展示公安风采，传递人民警察正能量。又如，我们将和各大商业互联网公司合作，通过小程序接口，为民警、辅警及其家人争取一定的福利，让全警有获得感、归属感和职业荣誉感。与此同时，我们组织开展一系列线下活动，与线上相呼应，借助《人民公安报》这面大旗，将品牌营销与内容营销相结合，相辅相成，共同促进，共同提升。

习近平总书记在党的新闻舆论工作座谈会上强调指出：“随着形势发展，党的新闻舆论工作必须创新理念、内容、体裁、形式、方法、手段、业态、体制、机制，增强针对性和实效性。要适应分众化、差异化传播趋势，加快构建舆论引导新格局。要推动融合发展，主动借助新媒体传播优势。要抓住时机、把握节奏、讲究策略，从时度效着力，体现时度效要求。”

这，为我们如何做好新媒体工作指明了方向，传授了方法，提供了基本遵循。

这，也从另一个侧面告诉我们：得新媒体者得天下！

（作者系中国警察网董事长、总经理）

contents / 目 录

卷首语

本刊特稿

新媒体面面观

中警网论坛

公关纵横

采编在线

浅析做强公安新型主流媒体的实践路径

高　莹

【摘　要】近年来，人民公安报社在全国两会等重大宣传报道中，不断推动传统媒体和新媒体的深度融合。依托“中央厨房”采编发联动机制，整合报、网、微、端媒体资源，推出了大量有态度、有温度、有深度、有维度的融媒体报道，并通过全国公安新媒体联动等举措，稳步做强公安新型主流媒体，受到中宣部、中国记协等有关部门的充分肯定。本文以近两年全国两会报道为切入点，浅析人民公安报社做强公安新型主流媒体的实践路径。

【关键词】全国两会　“中央厨房”　三融合　“四度”品格　公安新型主流媒体

引言

2014年8月，中央全面深化改革领导小组第四次会议审议通过了《关于推动传统媒体和新兴媒体融合发展的指导意见》。在这次会议上，习近平总书记强调，“要坚持先进技术为支撑、内容建设为根本，推动传统媒体和新兴媒体在内容、渠道、平台、经营、管理等方面深度融合，着力打造一批形态多样、手段先进、具有竞争力的新型主流媒体，建成几家拥有强大实力和传播力、公信力、影响力的新型媒体集团，形成立体多样、融合发展的现代传播体系”。

打造新型主流媒体，是打造“可沟通政府”的关键。一年一度的全国两会是检验新型主流媒体传播力、影响力的试金石。人民公安报社作为公安新闻宣传的主阵地，两年来，依托“中央厨房”采编发联动机制，整合报、网、微、端媒体资源，围绕全国两会热点、公安工作亮点主动设置议题，做足了公安特色报道，推出了有态度、有温度、有深度、有维度的融媒体报道1500余个，受到了中宣部、中国记协等有关部门的充分肯定，报社也在全国两会等重大报道实践中逐渐摸索出做强公安新型主流媒体的新路径。

一、抓住全国两会重要契机，打造公安新闻“中央厨房”

近两年，报社突出行业报媒体特色，借助全国两会强大舆论场，努力打造公安新闻“中央厨房”。除第一时间做好全国两会盛况和审议通过的重要事项等融媒体要闻报道外，人民公安报还开设了“两会聚焦”“图说两会”“议政之声”“两会特写”“两会微网端”等特色栏目，中国警察网开设了专题页面，报、网、双微（微博、微信）同步推送特色报道，积极宣传公安工作的重要成果和代表委员的意见建议，关注并梳理公安系统内外代表委员涉及公安工作的提案建议和涉及公安工作的热点话题，生动讲述公安系统代表委员的故事，集中围绕全国两会政法热点新闻做好深度报道。

2018年，全国政协委员周鸿祎建议强化网络安全漏洞管理，全国人大代表张青彬建议通过立法激励保障见义勇为，全国人大代表刘庆峰建议实行大数据分级安全保护机制等，通过人民公安报融媒体的报道，这些议题引发社会广泛关注；“两会观察”栏目刊发的《两会通道展示新时代自信》《以“功成不必在我”匡正政绩观》等独家评论，在两会舆论场上传递了公安好声音。报社的公安特色报道被人民网、光明网、央广网、国际在线、中国青年网、中国网、北京时间、环球网、凤凰网、搜狐网、今日头条等中央和地方主要新闻媒体、重点商业网站转发，成为全国两会舆论场上公安新闻的“中央厨房”。

二、运用“中央厨房”采编发联动机制，重构采编发生产流程

2017年，报社在全国两会报道中首次启用“中央厨房”采编发联动机制，2018年延续完善了这一机制。报社通过总编辑指挥调度制度、副总编辑项目负责制度、专人专岗值班制度、采前策划制度、线索通报制度、效果反馈制度等采编机制，确保了采编发工作无缝对接、有效运行，做到了一次采集、多种生成、多元传播，实现了“报、网、微、端”一体化运作，重塑了公安新闻的采编发生产流程，提升了公安新闻生产力。

“中央厨房”采编发联动机制的建立，搭建了跨部门、跨终端的开放式业务合作平台，高效、顺畅地融合了全社报道资源，有效提高了编辑部与编辑部、编辑部与记者、终端与终端、采编人员与技术人员之间的协同联动，改变了部门间资源分割、条块分割、终端分割的局面，彻底改变了传统报道与新媒体报道“两张皮”的现象。

三、探索践行“三融合”模式，稳步推进媒体深度融合

通过两年的全国两会报道实践，报社逐步探索出渠道融合、队伍融合、内容融合的“三融合”模式，稳步推动媒体深度融合。

渠道融合，坚持“移动优先”。2018年全国两会，前方记者用视频直播方式采访，后方编辑迅速整合精编，在中国警察网新浪微博“公安报记者跑两会”“两会看公安”栏目中以图解、微视频形式推送，次日，人民公安报及报社官方微信公众号同步刊发、推送本报记者采写的稿件。两会期间，前方记者现场报道坚持“移动优

先”原则，强化可视化表达，实现多渠道传播。据统计，报网官微“公安报记者跑两会”等话题阅读总量破4400万。全国政协十三届一次会议开幕当天，“公安报记者跑两会”话题阅读量位居新浪政务话题榜榜首。

队伍融合，培养融媒型记者。近两年全国两会期间，报社前方记者打破分工界限，既要拍摄图片、视频和出镜采访，又要采写文字稿件，真正做到一专多能。2018年全国两会，报社首次尝试新闻工作室机制，在两会期间推出“新警事”工作室及微信公众号，不断推送前方记者发回的现场融媒体报道，成功打造了又一个特色融媒体品牌，这也是报社培养融媒型记者的又一次尝试。

内容融合，实现优势互补。两年来，人民公安报“两会微网端”作为媒体内容融合的品牌栏目，持续关注网络、微博、微信热议的政法公安工作热点、代表委员的建议提案和报网“两微一端”网友用户关注度较高的热点话题。2018年“两会微网端”栏目首次关注公安系统代表委员在人民日报、新华社、中央电视台等主流媒体的发声亮相，连续刊发他们作为代表委员建言献策的评价性报道。中国警察网推出了“基层声音听一听”等特别策划，报网微信公众号推送了“我为两会建言”栏目，征集基层民警和广大网友建议800余条，前方记者带着收集的建议采访公安系统代表委员，人民公安报刊发了独家报道。

四、引领全国公安新媒体联动，生产融媒体“爆款”产品

近两年的全国两会报道中，报社尝试与全国公安新媒体联动，运用丰富多样的新媒体手段，讲好公安故事，传递两会声音，力争通过引领联动，推动形成全国公安新媒体融合发展大格局。

2017年全国两会期间，民警自媒体微信公众号“Police”首发更换微信头像以纪念2016年牺牲的362名公安民警的倡议，“小警之家”“警界”“警事V言”等公安自媒体公号均在第一时间进行

转发，形成了集群效应。《人民公安报》在“两会微网端”栏目刊发《一个微信头像，一次无言的致敬与接力》报道，助力公安新媒体联动。

2018年全国两会期间，人民公安报、中国警察网官方微博、微信推出“关于‘奋斗’，你怎么看?”话题征集活动，发布了各地公安民警手举标牌的奋斗寄语图片和视频，人民公安报“两会微网端”栏目刊发报道《“奋斗”心声说出来　会场内外齐接力》，一场特别的奋斗宣言接力活动在全国警营迅速开展。更换微信头像接力产品、奋斗宣言接力产品成为近两年全国两会报道中在警营传播广、阅读量高、口碑好的“爆款”融媒体产品，增强了报社两会报道的互动性和吸引力。

五、塑造公安新型主流媒体品格，传递高品质公安好声音

一流的媒体讲品格。2018年，中国记协发文《人民公安报：让两会报道有态度有温度有深度有维度》，称赞报社全国两会报道彰显出公安新型主流媒体“四度”品格。通过媒体品格的塑造，报社推出的公安融媒体产品品质逐年攀升，“颜值”与“气质”兼备，融媒体报道得到了中宣部点名表扬。

以2018年全国两会报道为例，公安新型主流媒体的“四度”品格体现在以下四个方面：一是讲政治，有态度。报社建立要闻会商机制，实现了与人民日报在两会报道全过程中所有重大报道同步上版，所有重要理论文章同期刊发，所有重要表态同步收集，同日发声、同频共振。报、网、微、端及时刊发、推送了公安部党委坚决拥护中央决定的表态文章，及时报道了各省、自治区、直辖市公安厅、局党委，部机关各局，公安现役部队以及广大基层民警忠诚核心、拥戴核心、维护核心、捍卫核心，坚决拥护中央决策部署的立场、态度和决心。二是抓热点，有温度。人民公安报先后报道了

"代表委员通道""部长通道"、审议和通过宪法修正案、监察法草案等全国两会热点新闻。"三八"妇女节当天，人民公安报、中国警察网、报网微信公号刊发、推送了《迎春花开谱新篇 巾帼英姿绽芳华》等有温度的融媒体报道，反映了公安机关女代表节日期间履职尽责的情况，送出了贾平凹、赵季平等人大代表的节日祝福，制作并推送了与公安机关女代表委员聊天的 H5 产品。三是亮警色，有深度。人民公安报开设"两会特别报道"专版 67 个，重点报道了公安系统代表委员的履职情况、建议提案准备情况和参会感受，以及扫黑除恶、政治建警、改革强警、科技兴警、从严治警、从优待警等公安热点话题。通过"在习近平新时代中国特色社会主义思想指引下——新时代新气象新作为""公安楷模"等栏目，持续做好公安主题宣传。四是促融合，有维度。通过"三融合"模式，推动媒体深度融合。

结语

通过对 2017 年、2018 年全国两会报道的研究分析，我们可以看到，人民公安报社正在以全国两会等重大宣传报道为依托，通过打造公安新闻"中央厨房"、重构采编发生产流程、探索践行"三融合"模式、塑造公安新型主流媒体品格、引领全国公安新媒体联动等举措，稳步做强公安新型主流媒体，壮大公安主流舆论声音。但媒体融合是一个动态的发展过程，打造成熟的公安新型主流媒体不可能一蹴而就。在加强内容融合建设的同时，报社还应紧跟前沿技术发展步伐，将前沿技术应用于传媒实践，以技术手段为支撑，进一步提升公安新型主流媒体的传播力、影响力、引导力，力争奏出新时代公安主旋律的最强音。

（作者系人民公安报社研究室编辑）

从传播力到服务力：政法新媒体再出发

覃匡龙

【摘　要】政法新媒体从本质上讲是政法机关自身职能的线上延伸，也是政法机关服务群众的重要载体。利用新媒体的传播优势，寻找更多政法工作与公众需求的契合点，打造实用方便的网上司法服务平台，让政法工作真正走进群众心里，将是政法机关新媒体建设的长期追求。因此，评价政法新媒体影响力，不仅要观察其传播信息的能力，更应考量其服务群众的水平和能力。由“传播力”向“服务力”跨越，需要修正的是新媒体工作的政绩观，需要根据新媒体特性添加服务功能，还需要加强后续部门的支撑力度。

【关键词】新媒体　政绩观　服务力

近年来，新媒体已成为政法机关重要的宣传阵地。利用微博、微信、客户端等各种新媒体平台开展信息公开、法治宣传、民意采集、官民互动等工作，成为了新时期践行群众路线的重要方式。然而，越来越多的政法新媒体过度重视花样宣传、盲目追求数据政绩，服务功能日益弱化的趋势凸显，制约了新媒体的发展。

政法新媒体将向何处去，是每一个政法新媒体人需要思考的问题。

矩阵建立：政法新媒体蓬勃发展

据不完全统计，截至2016年年底，全国政法机关共拥有政法新媒体官方账号63423个。其中，来自公安、检察、法院和司法行政系统的官方微博共计32431个，官方微信共计18586个，官方头条号12406个。也就在2016年，全国检察机关已实现了以微博微信为代表的新媒体全覆盖。

以“长安剑”“公安部打四黑除四害”“最高人民法院”“最高人民检察院”“中国普法”为代表的新媒体账号，凭借众多的粉丝量与活跃的转发评论度占据新媒体第一梯队；各地政法单位涌现出的一批有影响力的新媒体账号，形成了政法新媒体的第二阵容；而以陈里、陈士渠、法律读库等一批政法“大V”为代表的自媒体账号，则构成了政法新媒体广大的后援部队。可以说，由中央到地方以及自媒体“大V”构成的政法新媒体矩阵已经建立，有效推动了政法新媒体格局的发展。

在内容建设上，政法新媒体从最初的简单信息发布，逐渐拓展至践行司法公开、精准服务群众、征集办案线索、引导社会公众、传递法治信息、助力官民沟通等方面。政法新媒体通过与网民进行情感交流，引发情绪共鸣，有效搭建了与公众的沟通桥梁。

公开新平台——新媒体具有传播速度快、覆盖面广、呈现形式多等优势，为政法机关推进司法公开提供了前有未有的机遇。继“@平安肇庆”2010年首开先河，政法机关大量运用“微直播”等形式，开辟了政务公开新途径。2013年，“@济南中院”对薄熙来案的庭审微博直播使其一夜成为“网红”。利用新媒体开展政务公开，第一时间公布案件成为共识，接受群众监督成为自觉，此举也培养了群众通过新媒体了解政法工作的习惯。

官方解读器——政法新媒体依托政法机关的强大优势，精准捕捉政法时局热点，阐释官方立场，用“接地气”的方式，变“生涩硬冷”为“通俗易懂”，以群众喜闻乐见的语言释法析理。政策法规、典型案例等专业性强的内容，经过新媒体的转化解读后，能为公众更好地理解，增进了政策法规的普及。

舆论引导机——新媒体短平快的特点，为有效引导舆论提供了便利，成为政法机关向广大群众进行通报情况、澄清谣言的利器。2012年，广州公安官方微博首创“微指挥”模式，针对因“日本购买钓鱼岛”引发的群众聚集事件，不间断发布正面引导网民理性爱国的信息，实时向群众发布现场交通、治安情况，及时通报警方依法处理非法煽动者等信息。同年，深圳跑车肇事案发生，网上质疑肇事司机存在“顶包”嫌疑，引发了群众对执法机关公信力的质疑。在查明不存在“顶包”现象后，“@深圳市检察院”第一时间通过官方微博发声，使原本失控的民意重回理性轨道。在法官马彩云遭枪杀等事件中，政法新媒体也不断发声放大正面声音，有效引导舆论的理性回归。

问政新窗口——新媒体优越的交互性，使得官民平等对话网络新模式得以产生和持续，开辟了政法机关网络问政的新渠道。广东省中山市检察院官方微博积极与网友互动，对网民问题认真回复，被媒体称为“最勤奋官微”。“@江宁公安在线”以其春风化雨般的“微博提醒”，始终保持着警民之间的良性互动。部分政法机关领导主动触网，与网友面对面展开零距离交流，彰显执政诚意。

如今，政法新媒体在政策宣传、普法教育、突发事件和敏感议题应对、澄清网络谣言等方面，已经显示出正面舆论的优势。

需求升级：政法新媒体面临新问题

政法新媒体从初步尝试，到步步推进，建立矩阵形成规模，影响力日益壮大，已经走过了七个年头。今天，互联网技术已发生了重大变革，网民对政法新媒体的期待也在悄然变化，衍生出重大案事件的司法回应、快捷获取法律服务、网络化办事等需求，逐步超越了浅层次的普法宣传信息阅读。

与此同时，政法新媒体昔日备受推崇的“便民服务功能”的研发和拓展，却逐渐出现萎缩停滞的迹象。政法新媒体人面对移动互联技术的“本领恐慌”与日俱增，“重宣传营销、轻便民服务”的倾向日益显现。政法新媒体逐渐走到了一个需要重新定位的十字路口。

反观当下政法新媒体，我们可以发现诸多不尽如人意之处，这为政法新媒体未来的发展带来隐患。

公文化痕迹浓重导致传播力弱化。运营者疏于文本创新，加之宣传纪律的要求，在一些重大会议、重大案件、重大政策的发布中，某些政法新媒体主题重复，内容雷同，缺乏新意，“一个声音喊到底”“一篇通稿打天下”，丧失了新媒体的亲和力，读者关注度日益下降。

泛娱乐化导致新媒体定位偏移。一些政法新媒体过度“卖萌”，片面追求“形式新颖”和“语言出位”，偏离了政法属性。面对社会热点，一些政法新媒体盲目跟风，拼接附会，“娱乐至死”，在“段子手”的推动下，“友谊的小船”翻了又翻、“洪荒之力”一用再用，“颜值 PS”一秀再秀。官微不再姓官，网民看得蒙圈。更有甚者，只为抢眼球博出位，追求“标题党”，转载假新闻，本应以理性、沉稳、睿智、庄重示人的政法新媒体，在无底线的营销企图驱使下，沦为一个个轻浮爱闹、不停炒作的所谓“网红”。

面对舆情失声导致舆论引导失效。对于涉及政法机关和政法干警的负面信息，一些政法新媒体选择缄默，引起网民的不满。有的政法机关虽积极介入案件调查，但相关案情却通过其他媒体对外公布，将自己的官方新媒体弃之一旁，轻易将舆论引导主动权、主导权拱手相让，以至于网上发出“为何迟迟不见官方回应”的尖锐质疑。正所谓“100 - 1 = 0”，做好一次重大事件的舆情应对，可能比平时 100 件新媒体作品获得的社会影响力要大得多。

公器私用损害政法机关声誉。一些政法新媒体运营者因为个人情绪、私人恩怨等，随意发表言论，导致官方新媒体公信力下降。深圳警界“娃娃鱼饭局”事件后，多地警方官微被管理员个人意志所裹挟，纷纷晒出基层民警聚餐图片，并点名南都“欢迎暗访”。对此，新华社刊文告诫“勿以晒辛苦制造警媒对立”。“公器私用”还有更为直白的表现。2016 年 4 月 17 日，某派出所官微发出一条“维权微博”：一醉汉夜闯派出所宿舍被民警制服，醉汉反诬民警打人。领导息事宁人的处理方式，导致涉事民警心怀不满继而利用职务之便借官微讨公道。这样的做法暴露出官微管理的不规范。

政法新媒体不是人云亦云的“复读机”，更不是另类出位的“网红”。如果政法新媒体仅仅满足于“文字游戏”，忽视回避“服务落地”，那么必将背离服务群众的初心。

变革之道：不忘初心回归服务本真

政法新媒体从本质上讲是政法机关自身职能的线上延伸，也是政法机关服务群众的重要载体。利用新媒体的传播优势，寻找更多政法工作与公众需求的契合点，打造实用方便的网上司法服务平台，让政法工作真正走进群众心里，将是政法机关新媒体建设的长期追求。因此，评价政法新媒体影响力，不仅要观察其传播信息的能力，更应考量其服务群众的水平和能力。

首先，由“传播力”向“服务力”跨越，需要修正的是新媒体工作的政绩观。要客观看待粉丝数、订阅数、点赞数等指标，将精力专注于体现政法机关职能、提供便民法律服务，将新媒体打造成“民心工程”，而非“面子工程”，是政法新媒体亟待回归的初心。早在 2012 年，上海市静安区检察院就主动清理官方微博僵尸粉，与“粉丝崇拜”说再见，该院专注于规范管理和解决实际问题的做法，值得其他政法机关借鉴。

其次，由“传播力”向“服务力”跨越，需要根据新媒体特性添加服务功能。要充分研究不同新媒体平台的传播特点、用户特征，结合政法机关的工作实际和业务需要，在合适的新媒体平台上，选择性地开通相关服务功能。如微博具有广场效应，则应考虑加入民意征集、线索采集、网评引导等内容；微信互动功能强大，则可引入政法办事服务选项，更多地让网民享受到公开便捷的法律服务；自媒体平台内容庞杂，则应加入精准推送功能。

再次，由“传播力”向“服务力”跨越，需要加强后续部门的支撑力度。要建立跨部门协调机制、网络发言人制度、网民诉求受理反馈机制、网络舆情反馈机制等制度，将政法新媒体从单一的政务公开、法制宣传向办公办事、服务群众方面延伸。只有得到后续部门的强力支援，来自新媒体的群众诉求才能更好更快地得以解决，才能打破信息壁垒、提升服务效率，让百姓少跑腿、信息多跑路，真正解决办事难、办事慢、办事繁的问题。

最后，由“传播力”向“服务力”跨越，需要加强科技研发提升服务水平。要以依法全面履职为核心，拓展服务渠道，创新服务方式，搭建服务平台；要结合自身职能，收集调研用户需求，革新业务流程，借助技术手段，设计应用场景，实现便民服务技术支撑工作的常态化。同时要加强技术安全保障，制定相应的安全策略，促进整体安全水平的提升，避免因技术漏洞导致个人数据和隐私的泄露以及财产损失等事件发生。

我们期待，未来的政法新媒体突破宣传报道和舆论引导的角色定位，以内容建设为基础，以信息技术为支撑，以便民服务为根本，从电脑手机前的文章，变成线下尽职的服务，切实打通政法机关服务群众的“最后一公里”。如果能实现这样的转变，那么，政法新媒体将真正具有不可估量的影响力。

（作者系检察日报社党委委员、正义网总裁）

没有新旧之分，只是思维差异

张　飞

面对互联网新技术新媒体形式的冲击和挑战，几乎所有的传统媒体从业者在初期，都无法预知后果。面对这样一只突然出现的强大“怪物”，我们在恐慌之余，更要快速展开模仿学习。而在此过程中，几乎所有人都将互联网带来的新技术新媒体形式简单称为新媒体，而将自己既有的主业称为传统媒体，直接开始了新旧概念之间的分立。

这种分立，就如同“道生一、一生二、二生三、三生万物”，从一个点的肇始延伸出无可详尽。这种分立，在人人皆拥有更多互联网新技术认知的背景下，不仅带来了很多新思维、新玩法，也带来了一个究极疑问。

我们先从新思维、新玩法说起。

新媒体是工具的进化，更是思维的进化

一部智能手机，承载了多少互联网新技术新媒体形式，又让使用者们见识了多少用过去的思维难以判断分析的“无法描述”：三天两头换包装的江小白、年赚10个亿“朕就是这样汉子”的故宫淘宝、把卖书和培训升级成知识付费的“罗辑思维”、跟纸质版绝不一样的人民日报微信公众号，以及那个整天cos苹果的卫龙辣条。

“你以为走进了苹果体验店？其实我们只是在卖辣条。”跟这种效果相似，新媒体的很多玩法，颠覆了人们的习惯体验，也让新媒

体得以脱颖而出。从这个角度讲，新媒体的“新”，不仅仅是指所依仗工具（报纸、电台、电视、门户网站、微博、微信等各种账号）的进化，更是思维、逻辑和行为上的整体进化。

当下，由于移动互联网的高速发展，互联网产业发展成果已经渗透到每个社会个体生活中，一个全新的“用互联网”的时代已经到来。传统意义上的“做互联网”的技能和方法已经无法适应日新月异的现实，传统媒体到了对新媒体业务发展模式进行变革调整的关键时期。

在此背景下，技能是安身立命之本，思维才是畅通无阻、形而上的真正技能。

做新媒体的思维是什么样的？

敲黑板，划重点：价值、价值、价值。研究分析总结新媒体运维办法的文章不少，然而那些所谓的“套路”“干货”“技巧”都是告诉你，如何才能使文章更易读、更易被读者接受，又如何“圈粉”、将“游客”转化为用户，但是在套路之外，最大的技巧其实是价值。技巧再多，内容缺失应有的价值，是留不住用户的，最终会陷入用户来了却留不住的死循环。在新媒体领域，起定海神针作用的还是内容的价值。

价值观要鲜明：每一个账号的粉丝，都是在账号里寻找自己，直至——我的号，而不是号里的我。有个微信公众号叫“九句”，每一期的头条文章叫“深夜九句”，每期九张图片配言简意赅的九句“鸡汤文字”，吸引了数十万粉丝，账号点击率、文章阅读率超过10%。广大粉丝纷纷将这些“鸡汤图卡”转发到自己的朋友圈。“九句”的成功，最重要的一点就是对用户心理的把握，知道他们想要哪一句。而用户们的阅读体验则是，这些“鸡汤图卡”除了能让别人发现自己，更让自己发现自己。

这一点，是对新媒体技术带来的信息获取成本变得低廉的主动适应。在新媒体技术条件下，信息的获取变得越来越廉价——只要用户有一部智能手机，随之而来的效应就是其对信息传播主体的挑剔选择——必须满足用户更加浓烈、更加自我的情绪。在新媒体环境下，用户有更强的交流欲望，除了用户之间的交流，还有用户和品牌及传播主体的对话欲望。用户不再满足于购买一个产品的功能，不再满足于接收一个账号的信息推送，而是升级为为产品背后的价值观买单，并认可账号主体的价值观。不能满足用户“渴望沟通、发现自我”需求的品牌将被淘汰。

价值观要鲜明最极端的，就是在新媒体的世界里，立场变得前所未有的重要，很多热点事件发展到最后，都是“真相之争”让位给了“立场之争”，相较于知晓真相，阅读者更想看到账号主体在立场上跟自己是一个队的。

呈现要多彩：世界不再是一个颜色、一种声音。世界，也从来不是一个颜色、一种声音。新媒体的多姿多彩，就是“五花八门”“尽收眼底”“交相辉映”：内容更加多维，庙堂的江湖的，天庭的草芥的；呈现方式更加多元，文字、图片、声频、视频、H5 场景等不一而足。新媒体世界最大的特色，就是亚文化的声音越来越响，“葛优瘫”“感身空”“丧文化”“彩虹跑”“N 次元”“怀旧”“复古传统”“极简文化”“性冷淡”等，不少年轻人“相约”逃离“高大上”，寻找一切机会拥抱更多彩的生活，从而在特定的领域和群体当中，亚文化成了主流文化。

敢于突破：不要被“从来没人这么做过”束缚，也不要怕丢面子。这种敢于突破的意义就像是破蛋——从里面“破”是新的生命，从外面“破”则会被碾压。新媒体运营需要一种新思维，最核心的是专注于每一个细节。没有哪个细节是小事，签名档、欢迎语、互动菜单，甚至排版、留言回复、文章标题和封面配图，任何一个环节做差了，都可能造成不可估量的损失。好的运营和一般的运营，区别在于对细节的把握，很多时候粉丝就是因为细节而流失了，也因为一个细节而喜欢上账号。

要突破或要拆除的东西很多，如一些既已形成的对新媒体的认知、成熟可行的思维模式、得心应手的内容写作手法、坐享其成的商业模式。这一过程或许会很难，说一段话与大家共勉：一步登天做不到，但一步一个脚印能做到；一鸣惊人，不好做，但一股劲做好一件事，可以做；一下成为天才不可能，但每天进步一点点有可能。其实，以一颗突破自我的心付诸行动你会发现，那个自认为“高大上且五讲四美”的你，还有如此大的提升空间。

学会接纳：被深度驯化的其实是新媒体运营者，新媒体本身没有最终状态，一直在演化。新媒体时代，编辑或作者都是臣子，每天都在被粉丝批阅文章，不免战战兢兢，因为稍有不慎面临的就是被残酷地“取关”。

要想被粉丝用户接纳，就要接纳粉丝用户，知道他们在想什么，定向生产他们需要的“产品”。在写作的时候，我们对文字运用、市场格局分析、营销心理把握、用户观察以及设计排版等都必须做到心中有数。此时，写作者和阅读者互相驯化，最后形成一个相对封闭的小集体。这个小集体并不稳定，阅读者随时都可能离开，而写作者也可能迷失在驯化过程中。

每一个新媒体编辑都应该是市场的高度观察者，这样才能知道一个热点背后，粉丝在关注什么，怎么样分段、断句，怎么样可以有更好的阅读体验。简而言之，就是要用“产品思维”去写作、去运维。这方面，咪蒙的文章是一个典型案例，即充分了解自己的粉丝心里想要什么，然后给他们适合的“产品”。新媒体思维背后的用户，就像嗷嗷待哺的婴儿，而且很多时候他们的逻辑思维是超越编辑与作者的，这个时候越发需要去了解他们。

很多时候，传统媒体放不下“我是主流媒体、我最权威”的自我思维，但时代的进步发展迫使其必须做出改变，因为新媒体是一个不断进化的，没有最终定型状态的事物。比如“财经名嘴”叶檀博士的微信公众号“叶檀财经”，最开始说的都是她对财经现象的解读，由于文章犀利毒辣，于是产生了超高的用户互动，她随后借势开辟了“檀钱”“檀生活”等具有浓厚商业气息的栏目，并且她的公众号内容一直在不断地完善。不要指望通过无休止的会议来给新媒体产品定型。

保持好奇心：擅长问和答。如前所述，做新媒体运营最重要的就是要读懂用户。以内容写作为例，如果你搞不清楚写什么，那就先列出用户最关心的一个中心问题，然后你会发现，一个问题背后还藏着一百个新问题，这样就不会没东西写了。

区别于传统媒体，新媒体具有强烈的互动特性，最突出的表现就是粉丝与账号主体的留言往来。对于新媒体运营人员来说，“回答粉丝留言”是一个非常有效的方式，既可以提升粉丝活跃度，也能展示账号自身形象。精于问、善于答，前提是账号运维人员要保持足够的好奇心，如果对新的变化新的动向无动于衷，则难以发觉可资利用的东西。

究极疑问：传统媒体搞新媒体转型是一个伪命题吗？

曾在业内具有偌大名声的《京华时报》，先是停掉了纸质版发行，而专攻网络版和新媒体，随后连网络版和新媒体也停掉了，一时间引起了极大震荡。无独有偶，在华中地区曾与《楚天都市报》齐名的《楚天金报》，在做了各种新媒体转型尝试无果之后，于2017年12月1日也停刊了。

让人纠结的是，他们都是在做了各种新媒体转型的尝试无果后，宣告停刊的。遍观业内传统媒体的新媒体转型，实现既定目标的少之又少。那么问题来了：传统媒体搞新媒体转型是一个伪命题吗？

观察业内比较成功的新媒体业态，不难发现他们的理念是：整个机构紧紧围绕主营业务、客户资源等核心媒体资源，利用互联网工具和新媒体技术手段，借助互联网开放平台低门槛的技术支撑，围绕主营业务进行互联网业务升级改造，此时的互联网技术或者新媒体技术手段，将直接成为支撑主营业务模式升级的工具。

话转文首。文章开始说明了新媒体与传统媒体的概念分立会带来一个究极疑问。仔细来想，在概念分立的潜意识下主导的一系列转型实践，是不是在以下几个方面存在无法调和的矛盾呢："新"与"旧"之分是否导致概念、架构、利益格局的对立？滚动式发展模式与资本游戏发展模式的方向差异是否导致主体一再错过机遇风口？新媒体转型是否沦为"逢新就上，只负责解决有无、不负责解决运营"的重灾区？新媒体是否走上了媒体介质传播的单维度死胡同？仔细琢磨这几个问题，将有助于我们思考那个究极疑问。

（作者系中国警察网新媒体中心主任）

不忘初心，讲好警察故事

——“警探”微信公众号运营心得

徐　琦

新媒体发展态势之迅猛，可能超出了包括媒体人在内的绝大多数人的预料。比如，动手写这篇文章的时候，笔者发现近年来自己花了不少心血开展工作的平台——微博和微信，从严格意义上讲都不能算作新媒体了。越来越多的年轻人，把目光投入到更能彰显自我、表达思想的B站（哔哩哔哩）、知乎、各大直播平台甚至于回归QQ空间。各家公司、各种资本都在打造自己的媒体平台，“做内容”这股风潮从未如此兴盛。

即使是比较保守的统计，2017年微信公众号的数量已经超过了2000万个。这是一个细思极恐的数据，在如此庞大的基数面前，如何为自己的微信公众号赢得一席生存之地呢？

结合多年运营“警探”微信公众号的经验，笔者在此做一粗浅的总结，希望对读者有所帮助。

简单总结为一句话：讲述警察故事，“警探”是认真的。

我们为什么一定要坚持讲故事

微信具有装机量大、受众量广的特点，使得微信公众号自诞生之日起，就给从业者提供了无数种可能。但是，如今微信公众号的生存环境日趋严峻，极少数入驻早、粉丝多的“头部公众号”牢牢把控了话语权，在海量资讯面前，单纯依靠信息发布，中小公众号的生存空间实在是有限。同样一条新闻，拥有百万级粉丝的公众号一转发，就会在“朋友圈”掀起刷屏的狂潮，而受众窄、传播力弱的公众号则根本找不着存在感。

如何在2000万个公众号的竞争中做到独树一帜甚至脱颖而出？如何让粉丝关注并保持持久的兴趣？保持内容原创性便是一种解决方案，即以持续生产内容的能力弥补传播机能的局限性。我的内容独此一家，所有的出处都能归于我的公众号，每次都能让粉丝得到新鲜感，那么，我的公众号一定是无可取代的。

“警探”从杂志时代，就展示了讲述警察故事、展示警营风采的独特风貌，深受一代又一代读者厚爱。转战新媒体平台后，这一血脉也被保留了下来。“讲好警察故事”，让“警探”公众号成为业界的一股清流，也是“警探”公众号承前启后的存在意义。

想发掘英雄人物，那就离他更近

如何树立警营榜样，避免“高大全”的传统僵化模式，给广大读者提供有血有肉的人民警察形象。讲好警察故事，这是一个不得不面对的课题。

最近几年，对公安楷模的宣传一直存在于公安自媒体的视线中。其中有一个浓墨重彩的名字不得不提，那就是张劼。从英勇受伤到积极恢复，张劼身上集中展示了一名优秀人民警察的良好品质和精神风貌。铺天盖地的宣传面前，笔者想刨个底抢个功，其实张劼的“走红”跟“警探”有着千丝万缕的联系。

事情刚刚发生的时候，最早的传播其实来自警队战友和警校同学的口口相传。在微博刚刚开始零星传播张劼事迹时，笔者接触到了张劼的师妹——同样是蚌埠特警支队的一名女特警。在看到张劼受伤以后她所写的一篇感想后，笔者立即请示领导，利用“警探”公众号平台予以发布。这几乎是微信平台中关于张劼的最早一篇系统宣传，文章发布后迅速引起全社会广泛的关注。

几天之后，得知张劼身体好转，即将由蚌埠转院的消息，笔者与人民公安报安徽记者站站长关清以及另外一名同事一行三人，第一时间赶到蚌埠，在医院见到了张劼本人、他的家属和战友，并进行了现场采访。

在重症监护室，刚刚进行完手术（喉管被切开，刚刚可以发声）的张劼第一次面对媒体，说出了感人至深的一句话："我爸爸是个好警察，我也想做一个好警察！"笔者在现场进行了录音。在之后历次的宣传报道中，这段录音、这句话都成了一个重磅的催泪点。而与张劼一起参加行动，同样经历生死的另外四位蚌埠特警队员，完全复原了当时的情形，几乎精确到了每一秒。

就这样，第一手鲜活的资料从这次采访开始，源源不断地向外界传播。张劼的战友、同学不断发来自己的感想，广大读者也纷纷通过后台留言给张劼加油鼓劲，一个勇敢无畏的人民警察形象逐渐树立在广大读者面前。

与张劼建立的彼此信任，使"警探"成为张劼宣传的信源。之后，张劼的动态都能通过他本人或者身边人第一时间成为"警探"的素材。套用一句网络流行语，如果我们的稿子写得不够好，人物描绘得不够鲜活，没有别的原因，只是我们离得不够近而已。

真相只有一个，为什么不敢说出来

讲述故事，好故事的品质在于真实，还原事实真相，是"警探"公众号神圣不可推卸的责任之一。

2016 年元旦前夜，安徽芜湖发生了一起全国瞩目的事件，女大学生深夜坠楼不治身亡，同住的是两名男同学，且都只身着内裤。事件本身充满疑点，迅速引起广大媒体关注。而此时，芜湖警方给出的结论是，坠楼纯属意外。

家属以及广大网友的不理解，加上部分媒体推波助澜，使得事件一下子朝各种阴谋论方向发展。芜湖警方压力巨大。一贯秉持

"为基层民警代言"的"警探"，在这个时候得到一个机会：直面事实，公布真相。

2016年1月4日下午，警方、校方、家属和律师方举行三方会谈，受芜湖市公安局邀请，笔者作为唯一到场的媒体人，全程见证了事件的进展和最终反转情况——家属接受警方的一切结论，死者姐姐现场向警方鞠躬，为自己之前因不当行为给警方造成困扰而道歉。次日凌晨，死者姐姐发布微博，在为死者哀悼的同时，向社会宣布：接受警方结论，愿死者入土为安。

仅仅一个小时后，"警探"发布独家消息，及时跟进事件动态，公布事实真相，交待了事件全程的来龙去脉，包括警方和法医所做的一切努力。

网络一时炸开了锅，虽然依然有小部分网友继续表示"不理解"，但越来越多的理智网民在"警探"和"法医秦明"等网络正能量的交互发声中，选择支持警方，使得一件原本极其被动的涉警网络舆情完全翻转，没有让基层民警再受委屈，也让坚守事实、敢说真话、不惧网络暴力的"警探"形象深入人心。

有事找"警探"说，有苦找"警探"诉。如今，对很多安徽的基层民警来说，这便是他们发自内心的第一反应。有了如此广泛而坚实的群众基础，"警探"何愁没有好素材，何愁讲不好警察故事？

不惹事但也不怕事，记得你为谁说话

有人的地方就有利益，有利益的地方就有恩怨，有恩怨的地方就是江湖。打个不恰当的比喻，微信所依存的网络环境也是这样一个复杂的江湖。这是因为，同样一件事，从不同的角度传播，完全可能造成迥异的结果。

"警探"里的"警"字，保证了警队里有不好的现象，我们绝不护短，但若有人想利用媒体的力量损坏警队形象，欺压警队兄弟，"警探"也绝不答应。

2016年，安徽省蚌埠市固镇县公安局某派出所所长，在下班时间遇到某电视台栏目记者采访，因为所采访事件非公安管辖范围，面对记者纠缠，该所长百般解释无效，情急之下面对摄像机喊出了“你再拍我就砸了你的摄像机”，随后，该栏目通过剪辑视频，对该事件进行了报道，将该所长和当地警方置于舆论的风口浪尖。

诚然，该所长言行有不当之处，如果媒体依事据理进行监督指正，我们自然持欢迎态度。“警探”反复与当事人及知情人沟通之后，在充分了解事实的基础上，第一时间表态，还原了事件的完整过程，并呼吁：“警方的错警方承认，并已对相关人员作出处理；那么，某电视栏目蓄意抹黑警队形象，刻意制作别有用心的视频攻击当地警方，是否也应承担相应责任呢?”

一经“警探”发声后，广大公安自媒体和社会媒体立即跟进转发、解读，相继发出理性之声。虽经一场网络论战，事件全貌逐渐被剥开，一起网络事件得以完整展示，接受各方的审视和检阅。

“警探”带着使命感讲述警察故事，我们必须追问，这个故事到底为谁而讲?

网络环境日新月异，双微（微博、微信）主导的新媒体时代也将进入“新时代”，或许新的传播手段、新的媒体平台把微信“拍死在沙滩上”并不遥远，但无论何时，一个坚持初心、专注做内容的品牌是永远不会消亡的，就如同“警探”从杂志转型为微信公众号一样，新的蜕变也必将是一场新的涅槃。

讲述警察故事，“警探”必将初心不变，持之以恒。凭我口舌，为真理呼号；借我肝胆，给正义撑腰。“警探”人不是在现场，就是在去现场的路上。

（作者系“警探”微信公众号负责人）

如何打造一个优秀的公安自媒体

——以常熟市公安局自媒体运营为例

李明明

近年来，江苏省常熟市公安局深入推进公安自媒体建设，全力打造有公信力、有影响力的常熟公安自媒体品牌，在宣扬公安工作、讲述民警故事、引导社会舆论、服务人民群众等方面发挥了重要作用，综合影响力始终走在全国县级公安机关前列。

自媒体平台在公安宣传服务工作中的主导地位

大部分基层公安机关进驻自媒体领域，已是自媒体生态生机勃勃、艳阳高照的夏天。近年来，自媒体平台在公安宣传服务方面逐渐占据主导地位。目前，在没有新的平台出现之前，微博、微信仍然是最受关注、最实用的警队自媒体。

（一）互联网用户群体庞大，使自媒体平台成为重要宣传阵地

根据中国互联网络信息中心发布的第40次《中国互联网络发展状况统计报告》，截至2017年6月，中国网民数量达到7.51亿，互联网普及率为54.3%，其中手机网民数量达7.24亿，占总数的96.3%，手机在上网设备中占据主导地位。中国网民的人均周上网时长为26.5小时。一般来说，每人每天上网的时间至少达3至4个小时。其中使用微博的月活跃用户数量达3亿，使用微信的月活跃用户数量超8亿。面对这样一个庞大的用户群体，倒逼一个拥有7

亿多网民的国家，必须建好自媒体平台。

（二）自媒体掌握主动权，让我的宣传我做主

过去我们宣传只能通过传统媒体进行，就算关系再融洽、衔接再紧密，也难免会出现差强人意的情况。现在我们有了这样一个全新的平台，可以第一时间对外发声，尽情展示自身形象，宣传公安工作。2017 年 1 月 14 日，在我市常熟老街发生一起盗窃嫌疑人持刀拒捕事件，在抓捕行动中，嫌疑人逃到小区一幢居民楼 6 楼顶楼窗边，持刀拒捕，现场警力在与嫌疑人对峙长达 27 小时后成功将其抓获，没有人员伤亡。但因为处置时间长、事件影响大，网上出现了对警方处置能力质疑的声音。“为什么一个盗窃嫌疑人要如此顽强拒捕?”“警察抓一名小偷要动用好几百的警力?”“常熟警方是不是太无能了?”这时候如果利用传统媒体发声，时效性就会大打折扣。对舆情处置，有黄金三小时的概念，稍微拖延就很容易丧失舆论主导权。事件发生后，我局通过新媒体平台先后三次发布通稿。最后一次发布的通稿对该事件进行了详细说明，也对网上的质疑进行一一回应，快速抢占了舆论高地，稳住了舆情，得到了广大网友的理解。这一篇全文字的警方通报仅在发布的当天夜里就达到了十万多的阅读量。

（三）网上办事功能的完善，使宣传与服务更加融合

自 2016 年以来，常熟市公安局大力打造公安“微警务”移动综合服务平台，一期 32 项公安业务办理功能全部上线运行，囊括行政许可、交警、指挥中心、出入境、人管、内保、法制、治安、环食药、消防、经侦 11 个警种部门业务，包含的功能都与社会生活密切相关，涉及群众的衣食住行。通过网络，警民交流从传统的“面对面”变成“键对键”“指对指”，群众随时随地都可以拿起手机与公安机关进行互动，实现了“让数据多跑腿、让百姓少跑路”的目标，这也是自媒体给群众带来的便利。

（四）提高自身影响力，使舆论引导更加可控

自媒体时代下涉警舆情不可避免，每次发生舆情都是对警方处置工作的一次考验。把握自媒体规律、运营好自媒体也是警方为自身形象加分的机会。近年来，随着“常熟公安”在本地影响力的不断扩大，常熟公安机关的公信力也越来越强，当本地发生舆情事件或出现谣言类信息时，市民都会通过微博和微信第一时间与“常熟公安”进行沟通，等待权威信息的发布。

（五）丰富宣传形式，使宣传能力得到提高

形势倒逼我们把自媒体平台建立起来，我们也从中得到更多实惠，包括舆情处置的能力、对外宣传的能力等。比如，编写文案、美编、做图、flash、H5、微电影制作，这些之前看似与我们公安业务丝毫不相关的专业，现在几乎成了公安宣传工作者的必备技能，也使我们的宣传形式丰富多样、更适合大众胃口。

当前公安自媒体发展的瓶颈

随着互联网技术的发展，自媒体面临的形势变得严峻，自媒体红利期已过，转而进入了稳定期，竞争更大，要求更高。微博在2014年就已经进入了稳定期，用户也基本固定。微信是全球使用人数最多的移动通讯应用，微信公众号于2012年8月诞生，至今约有上千万个，根据艾媒咨询发布的《2016年APP与微信公众号市场研究报告》显示，在超过1200万个微信公众号中，60%微信公众号坚持更新内容，受用户持续关注的微信公众号占比仅为10%。其中57.9%网民因微信公众号更新频次低而取消关注，但也有一部分因为更新太频繁、内容乏味、功能太弱而取消关注。根据互联网行业高更新率、高淘汰率的规律，任何新鲜事物一旦进入稳定期，随之而来的将是残酷的淘汰期。过去一年，已经有很多微信公众号停止更新，或者不再运营，而新加入的公众号更是举步维艰。这一

点在公安自媒体平台上也体现得淋漓尽致。

（一）用户饱和，增长空间有限

自媒体的用户数量基本已经到达一个峰值，也就是用户饱和，几乎没有增长空间。微信公众号从最初的蓬勃生长，已经进入基本接近于饱和、稳定生长的新阶段。

（二）竞争越来越激烈，内容不够用

网络中有句话叫“三分内容、七分运营”。作为公安自媒体，当然不应以炒作营销来“骗粉”，但是通过平台策划相关的活动，有利于拉近警民之间的距离，对于提升自身平台的品牌价值也是十分必要的。

（三）策划越来越难，关键在于创新

内容创新是自媒体平台的普遍痛点。有数据显示，微信公众号每天推送的文章中，原创内容只占到一成。而对这些微信公众号来说，如果不能持久地输出有价值的观点和想法，并将其进行创新性的包装运营，断崖式的“掉粉”将为期不远。

（四）吸粉越来越难，需要服务配套

除了加强对自身平台的运营，推送有价值的内容外，还要加强微警务功能的建设，将越来越多的公安业务工作融入到平台内，让市民得到切实的便利服务。目前我国7亿多网民中有三成利用互联网进行网上办事，相信日后将有更大比重的网民通过互联网办理相关业务。由于存在很大的增长空间，加强网上服务办事建设势在必行。

如何打造一个优秀的公安自媒体

在这样的大环境下，可以预见，对于政府机构而言，今后的政务自媒体将越来越难做，不少自媒体将会被淘汰。公安自媒体如何求生存？我们也在不断地摸索。

（一）必须不断出精品、跟热点

2016 年被称为新媒体“视频年”，看到微视频、短视频传播快、受众广、易接受的特点，我们在新媒体宣传上也主打视频牌，全年共推出十余部短视频、微电影。其中在春节期间推出的原创 MV《对不起，我是警察》更是取得了空前反响，视频不到一周就被点击 200 万次，先后被不同的公安自媒体转载推送，更是在当月登上了全国公安微电影排行榜榜首，获得人民公安报评选的全国公安自媒体视频创意奖。未来，互动直播、短视频、音频等仍将是新媒体发展的趋势。

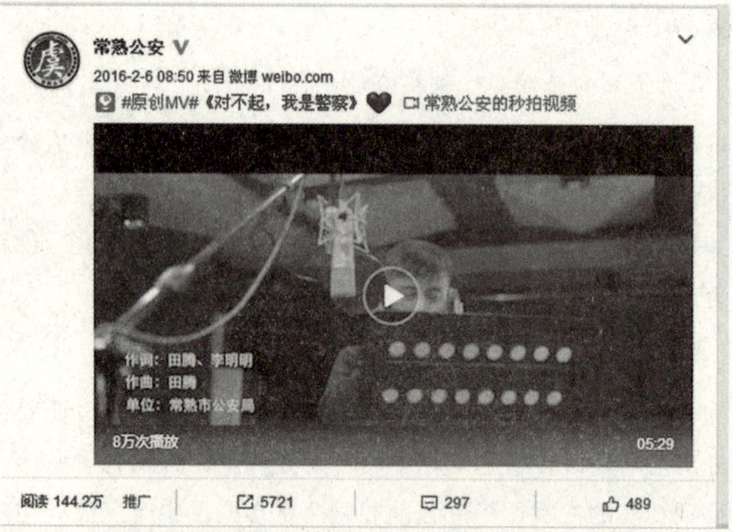

（二）必须找准定位

讲好警察故事，传递公安正能量，这是公安新媒体之本。《我的爸爸终于回家了》，是一张爸爸与孩子的合影，照片中的警察爸爸是我局巡特警大队的民警。2017 年端午节期间连续值班、加班，回到家警服还没来得及脱就倒在床上睡着了，宝宝看到几天不见的爸爸很开心，紧紧地抱住不松手！一张照片，暖人心间。其实这只是民警的一条普通朋友圈动态，经过我们的策划，却取得了空前的宣传效果，包括“央视新闻”“人民日报”“公安部打四黑除四害”“警界”等在内的多家媒体纷纷转载，使照片在网络上的浏览量达千万次。所以我们总结得出好的宣传包括：节点、热点的把握；阳光、亲民、有情怀；精心策划，不走套路；心系基层，服务中心公安工作。

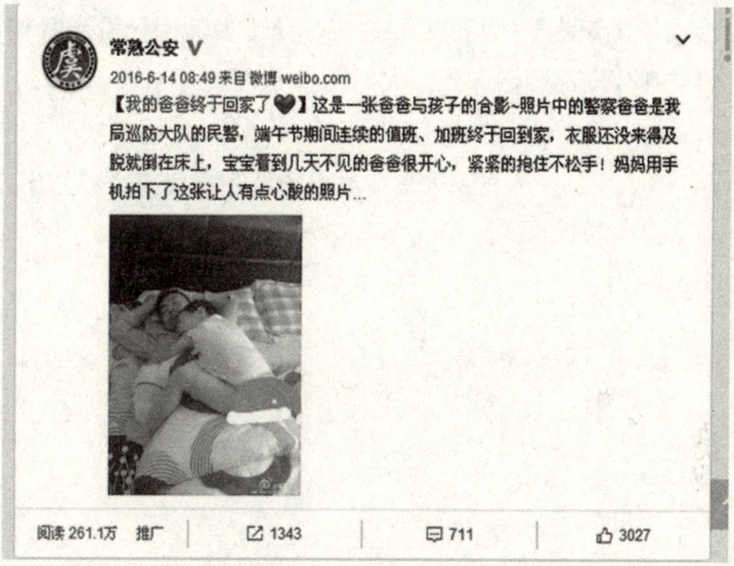

（三）必须不断提升公安网上办事服务功能

2016 年，我们在上级的统一部署下大力开展微警务建设，在完成省公安厅、市公安局要求建设的服务事项外，我们还立足实际，创新我们的服务特色。2017 年年初，常熟公安“琴川群众”市民举报平台试运行，基于市局微信平台客户端，举报人发现线索后，仅需要填报简单文本、图片、视频等信息，即可完成举报。“琴川群众”市民举报平台是我局面向社会收集违法犯罪线索和重大公共安全隐患信息，做精群防群治工作的重要举措。对于积极提供有价值线索信息的，我局都给予奖励，奖励通过微信红包方式发放。该平台正式上线以来，共收集各类线索 5000 多条，累计发放奖励红包 3000 余元。

（四）必须加强协作，形成合力

好策划、好文案、好作品固然重要，但没有平台的推广也达不到预期的效果，所以要坚持走出去、多学习。2016 年，我们参加全国级的自媒体论坛 2 次，省市级的自媒体论坛 4 次，与其他省市兄弟单位的官方“大 V”、民警个人“大 V”、本地自媒体开展良好互动，形成“微矩阵”，发挥集群效应，让更多的网民看到我们的作品，将常熟公安品牌烙印到广大网民心中。

（作者系江苏省常熟市公安局指挥中心民警）

融媒体发展态势及其新挑战

孔大为

随着手机与移动互联网的普及，人们无论行走于大街小巷，还是舟车端坐、居家休闲，都在用手机上网，不少人甚至成为“低头族”。就媒体来说，网络与新媒体极大地改变了传播媒体的原有格局，形成了传统媒体与新兴媒体相互竞争又彼此融合的发展态势，从而形成崭新的信息传播局面。

在互联网出现之前，根据美国传播学者保罗·莱文森的“补偿性媒介”理论，媒介变迁的逻辑是新媒介都是对旧媒介功能的补偿。例如，报纸是文字对口头传播的补偿，广播是声音对文字和口头传播的补偿，电视是图像对声音、文字和口头传播的补偿。

而互联网的出现，让过去100多年的媒介变迁路径“另起一行”。它不在过去媒介发展的延长线上继续，有研究者说，互联网“将一切媒介作为自身的内容，成为一切媒介的媒介”，它成了“母媒介”。

当下，我国新闻业正在经历深层变革。以2017年为例，传统主流媒体更积极主动地拥抱互联网，媒体融合在新技术的推动下进入改革创新深水区，民营新媒体来势迅猛，新闻版图开始重构。与此同时，舆论环境治理也面临着全新挑战。

停刊+跳槽成常态，媒体融合加速

2017年，报刊停刊、传统媒体人才流失的趋势加剧。这个趋势反映了传统媒体处境的尴尬，同时也迫使传统媒体与新媒体进行更加深入的融合。

2017年1月1日，《京华时报》《东方早报》《贵州商报》《上饶广播电视报》等报纸正式停刊；1月26日，《攀枝花晚报》宣布休刊；6月，《燕赵都市报》冀中版停刊，此前该报已关停七个地方版；8月31日，《新余晚报》正式与读者告别；12月1日，湖北日报传媒集团的《楚天金报》宣布正式休刊，所有相关业务并入《楚天都市报》。纸媒关停渐成行业常态，加速了传统媒体与新媒体的融合转型，如《东方早报》早已建立起运行成熟的新媒体平台"澎湃新闻"，《京华日报》则成立新媒体"京华圈"，并于8月并入《北京日报》新媒体矩阵。

2017年年初，人力资源社会保障部出台了《关于支持和鼓励事业单位专业技术人员创新创业指导意见》，让更多传统媒体员工增加了离职的冲动。1月，原《南方周末》总编辑、广东卫视董事长向熹辞职转行创投行业，原《南方都市报》报系总经理陈朝华出任360公司副总裁、"北京时间"联席总裁；2月，庄慎之宣布离职《南方都市报》副总编辑，转战新媒体自主创业；5月，原《新京报》编委王海涛出任搜狐网执行总编辑；6月，原《长江日报》报业集团副总编辑范洪涛离职，加盟北京清博大数据公司；10月，陈晓卿正式离开央视纪录频道，与《舌尖上的中国》系列纪录片的原班人马一起组建新公司；同月，海南广播电视台副总编辑、旅游卫视总裁韩国辉离开广电行业。

从离职者大部分选择了与新媒体有关的工作或自主创业来看，新媒体的冲击造成传统媒体衰落、经营困难是他们离职最主要的原因。

传统媒体从业者向新媒体转向，这或许会给媒体融合转型带来更大的推动力。

移动端成为竞争高地

CNNIC 调查报告显示，截至 2017 年 6 月，我国手机网民规模达7.24 亿，较2016 年年底增加2830 万人。网民使用手机上网的比例由 2016 年年底的 95.1% 提升至 96.3%。

互联网新闻是公众使用频率最高的基础网络应用，而移动端已发展成传媒业竞争的主战场。

近年来，“两微一端”新媒体传播矩阵成为新闻媒体的基本配置，新闻从内容生产到传播形式，每一个环节都呈现出融合的发展态势。“中央厨房”、移动直播、短视频等成为高频词汇。

2017 年全国两会期间，《人民日报》、新华社、中央电视台等主流媒体，通过“两微一端”，以图解、大数据解读、短视频、移动直播、VR 等方式传播两会新闻，深受欢迎，起到了良好的传播效果。同样地，在党的十九大报道中，相关的融媒体产品也大放异彩。

融媒体环境下，移动直播和短视频已成为重要的报道形式，这是传统媒体积极向新媒体靠拢转型、实现媒体深入融合的新阶段。

当前 4G 网络日趋成熟，5G 网络也在紧密布局，网络技术条件的大发展成为布局移动直播和短视频的契机，重大主题的移动直播和短视频报道已成为融媒体的主要产品，并呈现出“无视频不新闻”的状态。

2017 年 2 月 19 日，在习近平总书记在党的新闻舆论工作座谈会上的讲话发表一周年之际，三大国家媒体同时宣布发展移动新闻直播。当前，无论是三大国家级媒体，还是澎湃新闻、荔枝新闻、封面新闻、北京时间等这样的区域性媒体，都已全面布局移动新闻直播，并实现了移动直播常态化。

2017 年上半年，BAT 三大巨头入局，腾讯公司推出“芒种计划 2.0”，“阿里”宣布土豆视频转型，百度公司投资“人人视频”，使得短视频市场竞争异常激烈。而新闻资讯类短视频也在不断探索中前进，全国各传统媒体都在介入和发展新闻短视频。2016 年年底“梨视频”上线，短短一年后就成为新闻短视频界的“领头羊”；2017 年 1 月，浙江报业集团“浙视频”上线；同月，澎湃新闻原创新闻短视频频道“澎湃视频”启用；5 月，“北京时间”正式推出新闻短视频栏目“时间视频”；7 月，“荔直播”短视频上线仅两个月，点击量就突破 3 亿人次。在党的十九大相关报道中，“封面新闻”在第一时间推出了一款十九届中央政治局常委同中外记者见面的“号外”创意短视频，通过文字和图片报道，再加上 10 秒钟的央视直播画面，生成一条适合在移动端传播的短视频，最终实现全网阅读量超过 5000 万。

新技术重构媒体版图

随着媒体融合的不断深入，融合技术不断推陈出新，融媒体新闻产品更加多元化，新闻受众（特别是青年群体）更愿意通过新技术、新产品消费新闻。艾瑞网民行为监测数据显示，2017 年 6 月，PC 端新闻资讯服务月度覆盖人数达到 4.8 亿，移动端新闻资讯服务月独立设备数达到 6.2 亿。移动互联网使得获取资讯服务的门槛和成本大幅降低，也使得人们的资讯消费行为多样化。当然，新闻受众的回归让技术创新有了更大的市场，VR/AR、机器人写作、AI、360 度全景技术、H5 等让新闻业“活”了起来，很多研究者认为，传统新闻业将再次迎来春天。

2016 年被称为 VR/AR（虚拟/增强现实技术）元年，2017 年，VR/AR 市场规模大幅提升。3 月 1 日，人民网发布《“剧透”2017 全国两会》创意 AR 视频，《人民日报》客户端在一天时间里获得的点击量就突破了 53 万。《法制晚报》基于 VR 技术推出“头盔上的 VR 直播”，新浪网同样基于 VR 技术推出可切换六种视角对会场进行全面观察的《人民大会堂全景巡游》，成为两会报道的亮点。

2017年“人工智能”被首次写入《政府工作报告》，而机器人写作和AI机器人成为2017年媒体布局的重点。1月，南方都市报社写稿机器人“小南”上岗，1秒钟完成春运报道；6月，昆明报业传媒集团写稿机器人“小明”公开测试，能独立完成民生服务、演出活动及部分行业的新闻稿件；8月，四川九寨沟发生7.0级地震，中国地震台网的写稿机器人用时25秒写作并发布了地震快讯，稿件共540字并配发4张图片，包括速报参数、震中地形等8项内容；11月，腾讯媒体峰会上Dream writer“零时差”发布新闻稿，演讲嘉宾未下台新闻稿已出，还自动配图和剪辑视频片段，整个过程用时不到1秒。

能实现交互、数据采集分析的AI机器人风头更甚。2017年4月24日，中国智能机器人“佳佳”作为新华社特约记者实现了对美国著名科技观察家凯文·凯利的越洋采访，这是全球首次由高仿真智能机器人作为记者与人进行语言交互对话，这与“机器人写稿”有本质上的区别，具有标志性意义。

未来可能会有更多的技术给新闻业带来趋势性影响，其中包括可穿戴设备、无人机、360度视频、虚拟现实、语音交互及实时事实核查等。这也就意味着，不论是传统媒体还是新媒体，在形式和内容上都已变成融合化的媒体，其技术特征就是数字化和网络化，过去对传统媒体与新媒体的界定标准已经失去意义。

资本助力媒体融合

2016年10月28日，新华网股份有限公司正式在上交所上市，被认为是掀起新一轮媒体上市潮的信号。

在2017年的资本市场上，传统主流媒体动作频频，民营新媒体表现也很抢眼。2017年2月，百度系的爱奇艺视频获得融资13.5亿美元，加上阿里系的优酷土豆，腾讯系的腾讯视频，视频行业内BAT三分天下之势渐成。另外，乐视、快手、今日头条、蜻蜓

FM、梨视频、搜狗等新媒体也借助上市融资、融合基金、引进战略投资等寻求资金来源，内容产业正在加速融媒体整合。

网络时代，新闻业边界消融，民营新媒体全面布局内容生产行业，特别是BAT等巨头跑马圈地，已使传统主流媒体的新闻主导权受到威胁。传统媒体主动实现媒体融合是把控主导权的有效方式，但媒体融合作为一项周期长、投入大的复杂系统工程，充足的资本投入是成功融合的前提。资本助力不仅能够为媒体解决发展的现实问题，还能倒逼内部体制机制改革，强化内容生产能力，确保传统主流媒体在新闻业中的主导地位。

舆论环境治理挑战多

有学者认为，伴随着新媒体的发展，社会舆论环境进入“后真相”时代。所谓“后真相”，是指人们更容易受情绪和主观认知影响，而不是客观事实。

在当下“后真相”时代传播环境中，舆论表现得多元且复杂，网民只是主观表达而不关注新闻事实本身，情绪化的表达让舆论反转成为司空见惯的现象。在这样的时代背景下，协调两个舆论场、治理新闻传播环境的难度越来越大。

新华社原总编辑南振中认为，在现实生活中实际存在着两个舆论场：一个是老百姓的“口头舆论场”，一个是新闻媒体着力营造的舆论场。有学者就此做了进一步阐释，认为官方舆论场是依托主流媒体和新闻发布机制建构起来的，反映官方意志。民间舆论场则是依托民众口口相传，从自身利益、情感和意愿出发，进行民意表达、参与公众事务讨论。互联网的兴起，给情绪化的表达提供了强大的生存土壤，民间舆论场越来越多地转移到新媒体上。

“两个舆论场”实际上反映出两套话语体系的错位：一种情况是关注的热点不同，自说自话；另一种情况是针对同一议题的观点差异很大，甚至形成对立。“两个舆论场”重叠的部分越大，主流媒体引导社会舆论的针对性和有效性就越强；“两个舆论场”重叠的部分越小，主流媒体引导社会舆论的针对性和有效性就越弱。如果“两个舆论场”根本不能重叠，主流媒体就会有丧失舆论影响力的危险。

新闻舆论工作是一项极为复杂的系统工程，要想做好当前社会的舆论引导工作，需要建立和健全舆论引导的新格局和新机制。

实际上，传统主流媒体与民营新媒体不应是两个完全割裂、相互独立的主体，而应在相互融合的过程中实现统一规制、相互督促、理性提升。通过主流媒体对舆论的理性导引、新媒体的自我矫正，打通传统媒体和网络两个“舆论场”，凝聚社会共识，营造清朗的社会舆论氛围。

（作者系《人民公安》杂志编辑部编辑）

人工智能如何助力媒体转型

莫　嫚

未来30年，互联网将“从有到无”

2017年12月3日，第四届世界互联网大会在浙江乌镇开幕。大会以“发展数字经济促进开放共享——携手共建网络空间命运共同体”为主题。在开幕式上，阿里巴巴董事局主席马云致辞：“如果说过去20年互联网是‘从无到有’，那么未来30年，互联网将‘从有到无’，这个‘无’是无处不在的‘无’，没有人能够离开网络而存在。”

根据工信部公布的《2017年通信业统计公报》显示，2017年，我国移动电话用户总数达14.2亿户，全年月户均移动互联网接入流量达到1775MB/月/户。根据中国互联网络信息中心（CNNIC）第41次《中国互联网络发展状况统计报告》显示，截至2017年12月，我国网民规模达7.72亿，其中，手机网民规模达7.53亿，占比97.5%。

如果10年前，手机还是稀罕物的话，那么十年后，手机已经成为生活必需品。如果10年前，互联网还是高冷的科技名词，那么今天，它已经融入了我们每一个人的生活，成为牵动社会变革最活跃的基因。

毫无疑问，马云所说的“无所不在”正在发生，而互联网的力量将推动每一个行业自内而外的变革，其中包括新闻行业。

10 年前，新闻媒体与社交媒体还是两条平行线，而如今，如果一个新闻工作者不懂微博、微信、短视频，那么他将很快被这个行业淘汰。这就是科技浪潮带来的改变。

从 2009 年新浪微博推出测试版以来，不到 10 年的时间里，以“两微一端”为代表的新媒体蓬勃发展，快速攻城略地，抢占了大批报纸、电视等传统媒体的受众。而通过社交类平台的裂变式传播，自媒体如雨后春笋般崛起，已经可以和专业媒体分庭抗礼，平分天下。在这种趋势下，新闻产业快速洗牌，大量的传统媒体不得不面临倒闭或转型的艰难选择。它们之中，有的轰然倒下，如《京华时报》，也有的取得了初步成功，如《人民日报》，但更多的是在转型变革中探索与徘徊。

人工智能将引领未来新闻产业的发展

科技的发展不会给任何行业喘息的机会。当门户网站逐渐成为传统媒体，微博、微信等新媒体平台也从高速增长期进入洗牌变革期。我们必须看到新闻产业的下一个 10 年已经来临，而它的关键词将是人工智能和大数据。

什么是人工智能？它是研究、开发用于模拟、延伸和扩展人的智能的理论、方法、技术及应用的一门新的技术科学。简单地说，就是通过计算机技术模拟人类的智力和能力，包括行为能力、语言能力、图像识别能力等。

2017 年 12 月 15 日，在中央电视台一套的大型科学挑战类节目《机智过人》节目中，由清华大学自主研发的语言类人工智能“九歌”惊艳亮相，在与人类的 PK 中，成功过关。诗歌被认为是人类语言的精粹，而当“九歌”将诗歌语言驾驭自如，这意味着人工智能已经成为历史发展不可逆的趋势。

那么新闻行业与人工智能有什么关系呢？

2014年，美联社首次使用写稿机器人报道体育新闻，取得成功。同年，美国的《华尔街日报》也使用机器人来完成部分稿件的撰写。2016年，《南方都市报》的写稿机器人“小南”进入测试，而2018年年初，“小南”正式上岗并推出第一篇300余字的春运报道。

除了写稿机器人，更多媒体开始通过人工智能建立自己的“大脑”。2017年12月，新华社在成都发布了中国第一个媒体人工智能平台——“媒体大脑”，并推出了首条MGC（机器生产内容）视频新闻。

2018年2月6日，新华社新闻信息中心与百度百家号签署战略协议。协议表示双方将在内容分发、人工智能、搜索等方面展开合作，共同探索“内容+渠道+搜索+大数据”的全新媒体运营模式。

2018年年初，南方都市报社与凯迪网络、北京大学计算机科学技术研究所联合成立了“智媒体实验室”，探索人工智能在媒体上的更多应用。

这些尝试将引领未来新闻产业的发展。

科技是手段，“内容仍然为王”

那么面对人工智能时代的到来，新闻媒体该如何应对并实现为我所用呢？

人工智能虽然看起来很高大上，但其最终的目的只有两个。一个是提高新闻生产效率，另一个是提升用户体验。

天下武功，唯快不破。对于媒体而言，更是如此。在确保新闻真实性的基础上，谁能更快地将更丰富的信息传递给用户，谁就能赢得用户。而人工智能平台就是要实现资源的快速整合与发布。比如新华社首条MGC（机器生产内容）视频新闻，时长为2分08秒，通过智能媒体生产平台制作只花了10.3秒。这个速度是之前人工的方式主导下所无法想象的。

对新闻行业而言，只有快还远远不够，更重要的是做到读懂用户的心。在海量信息时代，媒体与受众的关系已经不再是一厢情愿的输出与接收，而必须是两厢情愿的互动。在我国，媒体是党和政府的喉舌，承担着宣传的重任。而宣传的目的是影响受众，只有实现了两厢情愿的互动，才是真正意义上的有效宣传。通过大数据和人工智能，可以更准确、迅速、便捷地摸清用户的喜好，从而实现更有效的宣传，获取更直接的反馈，同时为用户提供更加个性化的服务和精准的信息，甚至创造和激发用户需求。

小米科技创始人、董事长雷军曾说过，站在风口上，猪都会飞。面对新一轮的人工智能革命，谁能跟上脚步，谁就能占领先机。

具体来说，首先，新闻媒体要加快人工智能和大数据的建设和发展。2017 年 7 月 20 日，国务院印发了《新一代人工智能发展规划》。该规划提出了面向 2030 年我国新一代人工智能发展的指导思想、战略目标、重点任务和保障措施。目前，国内一些主要媒体已经开始着手布局人工智能的应用，如上文提到的新华社和南方都市报社。这是顺应科技社会发展的必然趋势。加快建设“媒体智能大脑”不仅符合国家发展战略，也将进一步优化新闻生产流程，加速新闻资源的整合和利用，提高新闻产品质量，扩展新闻种类，提高新闻生产的效率。

其次，深耕优质内容，培养机器无法取代的新闻人才。不管科技如何发展，人们对资讯的需求是不变的，所以无论是新媒体还是传统媒体，“内容为王”依然是“铁律”。只有将优质的内容与科技手段相结合，才能从根本上获得用户的心。一方面，人工智能将帮助编辑记者从复杂、繁琐的程式化工作中解脱出来，从而为优质内容生产提供更加充足的力量支持。另一方面，优质内容的产生既包括信息本身的新闻性，更包括相关信息和资源的辨识和整合能力。简单的新闻写作是可以被取代的，但人类的思考和创意是机器无法取代的。所以要进一步加强新闻优质人才建设，培养富有思辨能力、创新能力的新闻人才。

此外，做好用户行为分析，实施内容的精准投放。海量信息造成用户阅读时的专注力减弱，而随着信息的不断涌入，用户在每条信息上停留的时间越来越少，如何快速准确地将新闻中最关键的信息传递给用户，如何通过图片、视频、音频等形式吸引用户的注意力，将成为新闻从业者亟待解决的问题。新闻媒体要提升利用人工智能和大数据开展用户行为分析的能力，以受众为本，不断满足受众对新闻的新需求，实现定制化的服务和内容的精准投放。

最后，要创新商业模式，利用技术力量为商业运营服务。目前，不管是传统的报纸，还是网站、新媒体，大多都是采取“二次售卖”的传统运营模式，而这种商业模式已经疲态尽显。最近几年，搜狐、网易等媒体的门户广告收入逐年下降，2017 年，网易门户广告营收占比不到整体营收的 5%。所以，要将商业运营和发展人工智能、大数据同步考虑，而不是顾此失彼，盲目投入。在发展人工智能的同时，要不断创新商业模式，进一步挖掘用户需求，做好人工智能产品的设计、运营和再利用，使新闻生产与商业运营更紧密地结合在一起。

（作者系中国警察网新闻中心副主任）

拒做“搬运工”　要做“深加工”

——浅谈网络编辑的“原创性”优化整合

刘　翔

根据中国互联网络信息中心最新的数据显示，截至2017年6月，中国网民规模达到7.51亿，手机网民占比达96.3%。越来越多的受众通过网络获取新闻信息，特别是伴随智能手机的普及，各种新闻客户端风起云涌，网络新闻以不可逆转之势深入社会生活的方方面面。同时，网络新闻具有快速、多面化、多渠道、多媒体、互动性强等特点，网络新闻在报道的内容和形式上相较于传统媒体更为丰富，这就决定了网络新闻的编辑加工具有与传统媒体不同的特点。

面对新形势，只满足于提供信息是远远不够的，我们不能只做新闻的“搬运工”，而要做新闻的“深加工”。网络编辑要学会对网络信息进行加工服务，注入编辑的智力和创造力，运用独特的采集和标记信息的方法，赋予这些材料新的组织机构和形式。本文结合中国警察网大案要案频道的运营经验，浅谈网络新闻的优化整合技巧。

靠深挖聚合信息——让突发新闻与众不同

随着新媒体时代的发展，政务新媒体成为官方信息来源的主要渠道。越来越多的政府机关通过网站和微博、微信发布官方通报，这使得各家媒体能够同时获得新闻，不存在独家与非独家之争。要想让非独家的新闻脱颖而出，单单发布官方信息是不够的，这就需要编辑对新闻进行深加工，整合破碎信息、添加新闻背景、检索信息的关联性、补充材料内容等。只有将相同的新闻做出不同的味道，才能在数以万计的互联网信息中鹤立鸡群，赢得更多受众的关注。

中国警察网大案要案频道通过整合优化后发布的新闻，大多取得了良好的传播效果。2015 年 3 月 30 日 9 时 47 分，贵州省黔东南苗族侗族自治州剑河县（北纬 26. 6 度，东经 108. 8 度）发生 5. 5 级地震，震源深度 7 千米。编辑从中国地震台官方微博得到消息后，第一时间将此消息进行处理；由于地震刚刚发生，相关的信息较少，随后编辑开始通过微博等社交网站检索“剑河县地震”。通过阅读网友留言以及评论，编辑发现广西南宁、桂林等多地网友表示震感强烈，并找到一张网友上传的中学生在操场上躲避地震的照片。经过确认后，将“广西南宁、桂林等多地网友称震感强烈”加入文中并编辑成标题，并配发网友提供的图片，形成了一篇既有官方信息、又有现场情况的报道，极大地满足了受众对这一突发事件的求知欲。文章一经发布，迅速被百度和 360 两大搜索引擎抓取，并推荐到首页，且被腾讯网、新浪网、网易网等门户网站转载，为频道带来了大量的流量，单篇稿件当日点击量破万。

其实，此篇文章能够达到这么好的传播效果，主要是靠“广西南宁、桂林等多地网友称震感强烈”这句话，短短十几个字就像一剂强心针，让稿件充满生命力。事实充分说明，信息资源才是新闻采编的根本，对新闻报道而言，“内容为王”的理念永远不可动摇。受众之兴趣所在，始终是那些快捷新颖、信息量大、富有价值的报道。

靠整合全面报道——让热点报道有深度

突发新闻可以根据检索获得少量有价值的信息，但是一旦突发新闻成为热点事件，这些少量的信息就难以满足受众的口味了。对于网络热点事件，所有的网络媒体都在关注，编辑很难抢到一手的新闻资料。此时，全面的内容整合就能够使文章再次发挥影响作用。

热点事件的发生多有持续性，而且由于各家媒体的定位不同，报道的出发点、重点也不尽相同，往往同一热点事件发生后，在后续报道中会出现N种不同的“最新信息”。对于网络媒体来说，把这几篇“最新消息”整合到一起，形成一篇全面的综合报道会达到很好的传播效果。

重大新闻事件一般是社会关注程度较高的热点问题，不但信息量大，而且信息内涵丰富，能够吸引比普通新闻事件多得多的受众。这时，汇总信息、整合信息的优势就体现出来了，可以较好地满足受众的信息需求。

在整合传播时，要善于挖掘独特的视角，以获得搜索引擎的青睐，使自己的稿件在推荐排序中处于较佳位置。以2013年年初加拿大华裔女学生蓝可儿失踪案为例。在事件持续发酵的过程中，每天都有大量的信息出现。由于媒体报道的信息种类繁多，内容零七八碎，大案要案频道编辑便将这些零碎的信息进行汇总整合，将每条消息做一个小标题：警方的最新调查结果、蓝可儿的网络日志、遭人下毒的猜测、事发酒店多“鬼事儿”，还有台湾媒体解析诡异细节的视频等，并以《台湾媒体剖析蓝可儿酒店死亡案诡异细节》为题，有细节、有进展、有背景分析，并且配发视频，增加视听效果，由此深加工出一个更新、更全的蓝可儿事件报道。该文被新华网、人民网、新浪网等大量门户网站转载，并在第一时间被百度新闻抓取，为频道带来大量点击。每当遇到热点事件、突发新闻，大案要案频道都会以这种信息汇总整合的方法，对热点事件进行综合报道，且收到了很好的效果。

整合报道资源，汇总信息资源，将有价值的信息整合到一起，这样才能使报道脱颖而出，被受众选取。“独家”的重构不是某单个元素的创新，而是原有元素的重新聚合，原有元素重新聚合之后产生的裂变，就形成新形态的“独家”模式。平常的新闻报道尚且如此，备受关注的热点新闻事件报道更应按此道加强。

靠深加工提炼看点——让反腐新闻更有“料”

新闻敏感性是一名编辑进行深加工提炼的必备条件，是在新闻工作实践中培养和锻炼出来的特殊素质，也是新闻工作者透过各种事物的表面现象观察其内在本质的根本能力。编辑要善于对大量的新闻线索进行筛选，擅长从看似无关紧要的事实中发现值得报道的东西，提炼看点。

党的十八大以来，中央加大反腐力度，强调“老虎”“苍蝇”一起打，全面从严治党被提到前所未有的高度，一大批贪官污吏落马。反腐力度的加强，导致反腐新闻报道层出不穷，官员落马信息不断成为受众关注的焦点。大案要案频道为了适应新时期的需要，成立了《反腐战线》栏目，集中报道反腐新闻。

由于反腐新闻多为中央纪委监察部网站发布的官员落马信息，完全没有独家消息，所以大案要案频道就将几十个字的简短信息进行“深加工”，检索落马官员的简历、图片，最后在媒体上露面的时间以及其他的相关新闻，提炼出有新闻点的信息，并做入标题，做出与其他媒体不同的反腐新闻。例如，大案要案频道反腐战线栏目编发的《广东省政协主席朱明国被查　三天前曾参加活动（图/简历）》《河北省委秘书长景春华被查　曾在习近平面前自我批评》《大连常务副市长曹爱华被查　曾长期就职共青团（图/简历）》《厦门市副市长郑云峰被调查　兼任厦门大学导师（图/简历）》等文章，发布后均跃居中国警察网当日单篇点击量的榜首。

通过对反腐新闻的整合与深加工、对新闻资源的再挖掘，从新闻素材中推导出新的新闻点。在某种意义上讲，这种“整合”是一种二次创作，只不过引用的是二手新闻素材。这种“整合”能极大地拓展原新闻的短板，使新闻报道不再囿于直接采访。同时，经整合后再进行二次加工的新闻具有更高的活跃性，更有吸引力，更容易被搜索引擎抓取，从而提高频道、网站的点击量和影响力。

靠多渠道经营推广——让新闻传播得更远

深度挖掘信息、全面整合新闻、编辑出有质量的稿件之后，还需要编辑进行全方位、多渠道的推广，对于网络编辑而言，这是一项必不可少的工作。也就是说，手里握着一篇好文章，如果不为人所知，就无法体现它的价值。网络编辑必须通过微博、微信、论坛等社交网络平台多渠道推广新闻稿件，利用社交网络平台的影响力扩大新闻稿件的传播范围，让更多的受众转发分享，从而通过稿件提升网站和频道的整体知名度和影响力。

大案要案频道始终坚持多渠道推广的运营策略，自 2012 年起先后开通了新浪官方微博、腾讯官方微博、微信官方公众号，截至 2017 年中旬，累计粉丝量达十余万，通过第三方平台成功推广的稿件比比皆是。

2015 年 4 月 10 日下午，编辑在大案要案频道编发了陕西记者站的稿件《汉阴：破获“部督”特大系列强迫卖淫团伙案　解救被拐骗少女 24 名》，为了提升传播效果，稿件上网后，编辑利用大案要案频道的官方微博第一时间进行了推送，并配发一张扫黄的资料图。通过微博推广后，稿件被各大门户网站转载，带来大量访问流量。

由于案情较大，关注度较高，在发布微博后，编辑将微博通过私信的方式推荐给陕西省公安厅官方微博@陕西公安，随后@陕西公安将此篇微博进行了转发，通过@陕西公安的转发扩散，稿件传播效果大幅提升，公安部刑侦局官方微博、公安部打四黑除四害官方微博、新浪陕西等多个微博“大 V”进行了转发。

微博推送成功后，腾讯、新浪、网易各大门户网站开始对此文章进行转载，并且均将此报道放在了首页新闻区的显著位置，传播效果进一步加强。除此之外，网易、搜狐、新浪、腾讯的手机新闻客户端也对这篇文章进行了转载，特别是腾讯新闻手机客户端，还在当天19时许对此文章进行了推送。通过推广传播，这篇文章迅速成为网络关注的热点，媒体关注度不断上升，影响力不断扩散，收到了很好的传播效果。

整合报道资源、汇总信息资源、提炼新闻要点、多媒体形式展现、全方位多平台矩阵式推广，将有价值的信息整合到一起，将有看点的新闻推送到受众面前，这样才能使文章脱颖而出，被受众选取。实践证明，对于新闻报道而言，“内容为王”的理念不可动摇，网络新闻亦是如此。“独家”的重构不是某个元素的创新，而是原有元素的重新聚合，原有元素重新聚合之后产生的裂变就是新闻的“深加工”模式。我们不能做新闻的“搬运工”，要有新闻敏感性，善于整合信息，对新闻进行深加工，为受众提供更多有价值的信息，通过每篇文章的传播，日积月累，不断提高媒体的品牌影响力。

（作者系中国警察网新闻中心编辑）

公共安全教育品牌的运作和传播

——以公益活动“做自己的首席安全官”为例

唐晓勇

2015年5月29日，习近平总书记在主持中央政治局学习时指出，要坚持群众观点和群众路线，拓展人民群众参与公共安全治理的有效途径。要把公共安全教育纳入国民教育和精神文明建设体系，加强安全公益宣传，健全公共安全社会心理干预体系，积极引导社会舆论和公众情绪，动员全社会的力量来维护公共安全。

作为公安部党委喉舌、全国公安机关宣传主阵地，人民公安报、中国警察网责无旁贷，从2014年5月起，我们紧紧围绕建设“平安中国”这一主题，发起策划并联合公安部治安管理局、教育部基础教育司、北京市公安局、天津市公安局，开展了“做自己的首席安全官”公益巡演系列主题活动。我们走进学校、企业、社区、农村、媒体、建筑工地等，将防盗、防拐、防骗、防踩踏、逃生自救、消防安全、交通安全、网络安全等常识和技能，通过教官讲授演示、体验互动、情景模拟等形式，现场传播给各界群众，同时通过传统媒体和新媒体进行立体式传播。据统计，中国警察网直接组织主题活动70余场次，带动各级公安机关在“做自己的首席安全官”品牌下举办活动1800余场次，活动现场直接参与群众达到50万人次，媒体传播受众超2亿人次，提高了社会公众的安全防范意识和技能水平，受到了学校师生、企事业单位干部职工和社区群众的欢迎和好评。

2016 年 9 月，“做自己的首席安全官”走进天津，时任天津市副市长、公安局局长赵飞，人民公安报社总编辑孙福会，人民公安报社党委副书记陈辉和天津市公安局领导班子成员等，与教官、主持人、群众代表在活动结束后合影留念。

公共安全教育品牌活动“做自己的首席安全官”在网络新媒体的强力助推下，产生了强大传播效能，提高了社会公众安全防范意识和技能，展示了公安民警威武之师的良好形象，密切了公安机关和社会公众的关系，让公众更加理解支持公安机关和公安民警，也增强了社会各界对建设平安中国、法治中国的信心和期待。

发起公益活动的动因

（一）突发事件初期的个体应对，凸显社会应急痛点

昆明火车站“3·01”暴恐事件、上海外滩“12·31”踩踏事件、浙江天台“2·5”火灾事故等大量案例表明，在政府部门执法应急力量现场处置之前，普通群众遇到意外事故、突然袭击或不法侵害时，个人往往不能正确防范和应对，不会自救、互救和急救，在现场手足无措，眼睁睁看着生命消失，成为当下社会的痛点和短板。

就目前情况来看，我国对公众的公共安全教育仍处于零散、低水平的状态，公众对公共安全教育有着迫切需求。相比较而言，校园公共安全教育相对较好，但也未达到常态化、规范化的程度，离“纳入到国民教育体系和精神文明建设体系”目标还有很大距离。解决这一问题的根本路径，需要政府各职能部门和社会各界广泛参与和协作，并带动社会公益组织，把公共安全教育设计为系统工程，整合利用体制内外各类专业资源，真正构建社会公共安全教育体系，以实现对社会全方位、整体性覆盖。

（二）公共安全教育资源分散，亟待信息传播对接

笔者在长期新闻采编工作中发现，各地公安交管、派出所、消防等各警种在各时间节点，都分别到辖区校园、社区、企业开展安全教育培训。各地公安机关也经常举办形式多样的“警营开放日”，邀请社会各界群众到警营的训练基地、工作岗位，观摩公安民警的训练和执勤，了解武器装备的性能和用处。政府防灾部门、医疗卫生部门和红十字会等机构，也经常开展类似急救培训。教育部门和学校也高度重视学校安全教育，然而由于活动经费、专业师资匮乏，还有课时安排和安全责任等因素，大部分学校的安全教育还停留在说教和看图模式上，互动式、体验式的安全教育和实际操作较少。

总体来看，这样的公共安全教育活动都是在部门各自工作体系里，公共安全教育培训资源分散，缺乏统筹指挥、组织协调。在单场活动策划设计时，系统性、针对性、延续性不强，对于社会不同群体的不同需求没有深度研究，表现形式也较为传统、单一，受众面较窄，现场传播效果有一定局限性。

随着经济社会的发展与进步，社会治安形势日益复杂，不安全因素增多，各种新型违法犯罪活动层出不穷，群众自身的安全防范意识和技能与现实明显不相适应，亟待公共安全教育的不同领域之

间加快信息对接和深度传播。

（三）聚合各方专业力量，成为现实需求和时代必然

人民公安报、中国警察网作为公安媒体，既有公安属性，又有媒体属性，对开展公共安全教育活动具有职业优势，同时加强与多个专业领域的合作也是必要条件。在设计策划“做自己的首席安全官”活动的初始阶段，我们首先考虑以政府部门为主体，聚合社会机构、新闻媒体、社团组织、公益团队、爱心企业、志愿者队伍等各方力量，深度对接、组合、衔接，以形成与群众日常生产生活密切相关的公共安全综合体系。

在公安系统，我们设计参与的警种主要有治安派出所、食药环、特警、交警、消防、刑侦、网警、禁毒、经侦、110、反恐怖、出入境等，分别对应社区防盗防骗防抢、防溺水防踩踏、食品安全和用药安全、环境保护、防身自卫、道路安全特殊条件驾驶、火场逃生自救、防拐卖、防劫持、防电信诈骗、识别抵制毒品、识别抵制假币、识别传销并逃脱、学会报警、识别暴恐线索、海外人身安全、警务技战术等。

在公安系统以外，截至目前我们协调邀请了教工委、文明办、网信办、教委、共青团、妇联、交通委运管局等部门参与组织活动。同时，我们也邀请了北京大学、清华大学、中国人民大学等15所北京高校的团委书记、学生会主席和学生代表参加活动。此外，我们还邀请了中国红十字基金会、北京公交驾校、北京海淀驾校，强生（中国）投资有限公司、长江商学院，以及人民网、新华网、新浪网、澎湃新闻等数十家新闻媒体，作为联合主办或协办单位一同参加活动。经过深入沟通，与上述各个方面明确任务分工、制定工作机制，最终形成了“做自己的首席安全官”公益活动的强大力量和广泛影响。

内容形式的编排和设置

（一）精准传播讲实用：分类分层分时

公共安全教育要达到实用的目标，就要按照公共安全教育的不同需求，分类分层分时来设计组织。分类，主要是针对不同群体，按照特定需求，设计出不同类型的课程，比如给社区群众传授如何防盗防骗防火防假币，给驾校学员传授高速公路遭遇爆胎怎么急停，给商场员工传授发生火灾如何撤离脱险。分层，主要是针对不同年龄段，按照其人身特性、认知特点进行授课，比如同样是在校学生，给大学生传授如何识别微信红包陷阱、抵制黄赌毒，给中小学生传授如何防范校园欺凌、人员密集场所防范踩踏，给小学低年级和幼儿园小朋友传授如何防拐卖、防意外。分时，主要是针对不同季节时间段，夏季给女性传授防性骚扰和性侵害、儿童放假防溺水，春节前给市场企业主传授防侵财，冬季给建筑工人传授楼宇施工防火。

各类公共安全事故和案件都有内在规律性。我们通过大量案例分析，把握不同人群需求、重要时间节点，突出针对性、系统性、实用性，着重培养个人安全意识、理念、素质和技能的形成。

（二）体验传播重实战：自救互救急救

不同获取信息方式的创新与发展表明，一个全新的媒体时代已经到来——体验式传播时代。意外事故、突发事件都是紧急情况下发生的，反应时间短，身边没有专业设备，对个人的应急能力是巨大考验。因此，公共安全教育培训必须着眼于提升实战能力，要求人在真实环境下能够逃生脱险、展开自救。我们设计了在具备条件的情况下互相救助的场景，假设现场观众遇到袭击伤害和交通事故，教官指导观众就地取材止血、包扎，现场演示心肺复苏、人工呼吸等急救措施，以及看护、抬担架、报警。这要求每个参与的人都能亲自动手、全过程感知，掌握所有环节的技术要领。

在媒体报道中，我们经常看到在公共安全教育现场，教官的所有知识技能传授就靠一支话筒的传播，没有教学互动、真人体验和现场模拟。为此，我们在灭火演练现场设计了体验环节，教官邀请观众上台，手把手传授灭火要领，演示拔掉保险栓、撕掉铅封的流程，以及站在上风口对着火焰的根部喷射直至成功扑灭。在北京公交集团，司机提出遇到歹徒持刀劫车怎么办，特警借助方向盘，演示了将歹徒的手和刀牢牢控制住的过程，让司机坐在驾驶员位置上，与扮演歹徒的其他司机交叉演练，并互相点评。在国家图书馆，消防教官带着观众边讲解边演示，床单或窗帘如何打结才能作为逃生绳索，湿毛巾要叠几层才能防止毒烟气吸入口鼻。

此外，VR时代的到来也很好地填补了公共安全教育与IT技术融合的空白。比如模拟车祸过程，不仅让参训学员融入到虚拟环境中，获得身临其境的安全感受和切身感知，还可以在逼真的实战中进行训练，而不会因“意外”造成实际损害后果。新媒体技术的发展使我们在获取信息时获得了更多的权力，获得了视、听、触、嗅等多方位的体验与感受。

（三）群众路线求实效：易学易教易用

公共安全教育中，普通人不好掌握的往往是专业技能，讲解和传授时不可避免地要有很多专业术语和理论阐述，这对公共安全教育的理解和吸收有一定折损，影响了教育培训的实际效果。

人民群众是公共安全宣传的源头活水，只有学会说群众语言，才能贴近群众需求，真正融入群众，做到有效传播。我们在策划设计过程中，要求所有课程的互动、抢答、体验环节，都必须让学员易学、易用，不能听不懂、学不会、用不了。教官必须把所有专业词汇都转化为通俗易懂的语言，以群众耳熟能详的方式传授讲解，把所有复杂的专业理论转换成口诀、顺口溜、比喻，让学员在现场就能记住、学会、应用。此外，针对网络上传播的各种错误安全概念、防范技巧，教官们逐一破解，以正确概念作正向引导，防止以讹传讹。比如，儿童遭遇突然袭击，第一任务是逃生、隐藏，而不是搏击、反抗。

不怕千招会，就怕一招熟。在每场活动中，我们控制活动容量，避免现场观众和学员看得眼花缭乱，什么招数都学了，但哪一招都用不起来的情况。对于关键的动作要领，我们首先是让现场观众在台下跟着做动作，然后邻座彼此比划，再邀请部分代表上台与教官“过招”，教官一一纠正动作后，最后观众代表在台上互相“过招”，实现了从“学”到“用”的目标。

公益活动的运作和传播

（一）从“时度效”着力，创新话语表达体系

习近平总书记曾指出，“不管是主题宣传、典型宣传、成就宣传，还是突发事件报道、热点引导、舆论监督，都要从时度效着力、体现时度效要求。”时、度、效三个方面是密切相关不可分割的，只有将三者有机地结合到一起，做到合时、适度、有效，方可达到真实反映社情民意、合理引导舆情动态、有效传播正能量的目的。

今年3月26日是第23个“全国中小学生安全教育日”，公安部治安管理局、教育部基础教育司联合人民公安报社、中国警察网共同举办“做自己的首席安全官——平安校园行”主题宣传活动，全国34万名法制辅导员和法制副校长走进了中小学校、幼儿园，通过举办知识讲座、现场教学、互动交流、情景模拟体验等形式，向学校师生系统传授防诈骗、防盗抢、防校园欺凌、远离“黄赌毒”、防传销、交通安全及消防安全、反恐防爆和逃生自救等方面的常识和技能。各地都向党委、政府积极争取，协调新闻媒体全方位、立体化宣传，多视角展示、多层面推广、多点位开花，邀请了形象正面、青少年喜爱的社会名人、志愿者担任活动代言人和推广

今年 3 月 26 日是第 23 个“全国中小学生安全教育日”，公安部治安管理局、教育部基础教育司联合人民公安报社、中国警察网共同举办的“做自己的首席安全官——平安校园行”主题宣传活动的启动仪式在北京市 159 中学举行。公安部党委委员、副部长侍俊，教育部党组成员、部长助理郑富芝出席活动并致辞。公安部治安管理局局长李京生（右一），公安部宣传局局长、人民公安报社社长战俊（左一），教育部基础教育司副司长俞伟跃（右三），为中国篮球协会主席姚明（右二）等三位公益形象代言人颁发聘书。

大使，而且在学校、社区、车站、机场、码头、商业中心广泛张贴统一 LOGO 的制式海报。此次活动规格高、覆盖面大、时间持续长、传播效果强，“做自己的首席安全官”这一公益活动品牌取得了长足发展，知晓率、影响力再上新台阶。

在前期活动中，我们注重抓住每个当下的新闻热点和重要节点，结合国家反恐怖法颁布、国家宪法日、开学第一课、北京治堵、首都青年卫士评选、最美家庭评选、冬季安防、两会安保、春节安保等，同时也结合中国留学生海外失联案、电信诈骗徐玉玉案等新闻，既聚焦社会舆论关注点，又回应公众现实需要，来确定当期主题活动的切入点，按照教官和嘉宾的不同风格组合，选择了有针对性的话题、选题，表达方式上强化科学性、艺术性，实现台上台下、网上网下互动，达到了有效传播引导，将“时度效”三者统一于一个完整的传播过程之中，同时达到恰时、适度、有效，从而构成良好完整的传播。

“做自己的首席安全官”活动现场，火场逃生自救、意外事故的止血包扎等知识和技能受到群众的欢迎。

(二) 权威解读科学示范，重塑信息源头

“做自己的首席安全官”主题活动除了选好主持人、嘉宾外，教官的发现、甄选和培训，对活动有着至关重要的作用。活动中，教官语言表述的严谨性、动作演示的正确性、核心概念的专业性、课程设计的科学性，都决定着公共安全教育的成功与否。

按照这一标准，我们与联合主办单位、协办单位等先确定主题、课程设置和教官标准，请相关机构推荐系统内、行业内公认的权威专业教官，在每场活动中都坚持这一标准。北京市公安局、天津市公安局推出了特警散打冠军、格斗冠军、反恐英雄、首席接警员、最帅交警、最美警察、出入境业务标兵、禁毒岗位能手、消防特勤队长；中国人民公安大学、南京森林警察学院安排了警务指挥与战术专业的资深教授、特警系教官；公交驾校、海淀驾校都推出了形象表达都很出色的首席教练；中国红十字会安排了最资深的急救高级培训师。

专业教官确定后，活动主办方和策划执行团队与教官一起磨合课程大纲、精心设计结构、提炼核心要领、设置互动环节、优化语言组织、认真制作道具，最终经过彩排、审核，达到现场效果才能正式参加活动。

（三）多要素+全过程+大联动，形成多维立体传播格局

在新媒体时代，公安媒体更要善于运用科技信息化手段，充分借力微博、微信、手机直播、电子大屏、移动APP等多个介质、渠道、平台，将公共安全常识和技能以寓教于乐、群众喜闻乐见的方式，用H5、动图、长图文、九宫图、短视频等多种形式，在事前预告预热、事中直播互动、事后报道回顾等全过程传播，在中央主流媒体深度合作的基础上，与网络媒体、新媒体、公安自媒体“大咖”提前沟通、策划，实行全网同频共振大联动，着力突出了公共安全教育活动的权威性、覆盖面、影响力和传播力。

一场活动包含很多要素，而新媒体可以用来传播、讲故事的材料中，最重要的是人。所以，我们除精心选择教官和主持人以外，在活动中导入了“自带流量”的公众人物、公益嘉宾、推广大使、明星志愿者。在2015年全国两会期间，邀请了8位全国人大代表现场观摩“做自己的首席安全官”活动并参与互动，引起媒体极大关注。在历次的活动中，著名球星、中国篮协主席姚明，影视明星王凯、范冰冰、李晨、宁文彤、杨紫，乐队组合TFBOY－王源、旭日阳刚，歌手郝亚青，射击奥运冠军杨凌、网红交警孟昆玉、北京最美警察敖翔、“传说中女网警”高媛等，以不同身份参与和宣传了“做自己的首席安全官”活动，为公益活动赢得更多群体的关注。

在活动的全过程中，我们在预热阶段全网推出预告短片，从倒计时第5天开始每天一张海报，选择部分教官提前拍摄制作VCR，让活动核心人物渐次亮相，不断提示、吸引社会公众的注意。活动过程中，我们组织公安系统内新媒体直播团队、双微平台（微博、微信）负责同志一同参加活动，并协调央视网、人民网、一点资讯、梨视频等20余家新媒体同步直播。

2016年9月23日，我们在天津文化中心广场举办“做自己的首席安全官”活动，时任天津市副市长、市公安局局长赵飞，人民公安报社总编辑孙福会、党委副书记陈辉，天津市公安局领导班子全体成员出席活动。据统计，当天有500余人到现场观摩，网络直播有近10万人在线观看，@中国警察网、@平安天津等组成的微博矩阵对活动进行了网上视频直播，全国公安政务新媒体联盟的多家成员单位对活动进行了转发，形成了广泛的延展性传播链，引发大量网友持续关注。本次活动开设了微博话题，参与互动的网民达1.3亿人次，微博话题登上全国政务微博话题榜第一名。活动结束后，数十家中央媒体、地方媒体、网络媒体和police、警界等自媒体“大咖”进行了报道，对活动的组织过程、意义和作用给予高度评价和全面肯定。

公共安全教育活动“做自己的首席安全官”现在已成为一个公益品牌，笔者认为实现这一目标，除了活动立意符合时代大势，各级领导高度重视，内容满足现实需要，形式贴近群众喜好，很重要的一点是借助了新媒体技术手段和传播平台，切实扩大了公共安全教育的覆盖面和传播影响力，为提高公众的安全意识、素养和技能作出了贡献。

（作者系中国警察网副总编辑）

公安题材微电影：从星火到燎原

陈文峰

网络视听风起云涌

2017年6月以来，网络视听界风起云涌，一条条新规、通知、禁令，给业界进一步划清了红线，指明了方向。网络剧、网络电影、微电影在审核发布上，规范进一步明晰。

6月1日，国家新闻出版广电总局发布《关于进一步加强网络视听节目创作播出管理的通知》，通知强调：网络视听节目要坚持与广播电视节目同一标准、同一尺度，未通过审查的电视剧、电影，不得作为网络剧、网络电影上网播出。

6月22日，国家新闻出版广电总局下发通知，责令关停“新浪微博”“ACFUN”“凤凰网”等网站的视听节目服务。

6月28日，微博对视听节目服务进行全面整改。

6月30日，中国网络视听节目服务协会发布《网络视听节目内容审核通则》，通则禁令多达66条，明确要求网络视听节目先审后播、政治方向正确。

……

在国家行业主管部门严格管理的大背景下，微电影作为网络视听界一个数量庞大、分布广泛的类型，也受到了较大影响，各大视频网站收紧了微电影发布的审核要求，除了要求影片制作方必须具备相关资质，即拥有广播电视节目制作经营许可证外，平台方还要在国家新闻出版广电总局网络视听节目信息备案系统进行备案。此外，按照规定，涉及政治、军事、外交、国家安全、统战、民族、司法、公安、医疗卫生等重大题材和特殊题材的还需由行业主管部门协同审核。在这样的规范要求下，历经五年，从星星之火发展到燎原之势的公安微电影应该如何前行，值得思索。

公安题材微电影五年发展概述

公安题材影视作品因其人物矛盾尖锐、情节曲折、可视性强等诸多特点，历来是影视创作的热门领域。随着新媒体新技术的发展，自2010年微电影这个概念兴起以来，公安题材微电影一直是影视圈和公安文化圈创作的热点。自2012年公安微电影真正开启专业创作开始，短短五年时间里，公安微电影取得了最迅速、最优质的发展，各地公安机关积极主动利用新媒体，在开展公安题材微电影创作的同时，组织了一系列丰富多彩的活动，极大促进了公安微电影的健康有序发展。

2011年之前，公安题材的短视频多是一些“85后”民警自娱自乐，展示基层所队日常生活的非专业创作。从2012年开始，公安机关主动介入，利用微电影展示公安工作，真正形成了一批专业的微电影作品。如2012年9月江苏昆山警方发布防范类微电影《女神的逆袭》，就是较早利用微电影这一形式开展宣传且取得一定影响力的代表。2013年，公安题材微电影进入了一个发展期，有组织的活动逐步开展，如国家禁毒办、公安部消防局分别开展了主题微电影征集活动，浙江省公安厅开始组织微电影展播等。以2014年公安部政治部主办的“全国公安民警微信、微博、微电影大赛”启动为标志，公安题材微电影进入了一个蓬勃发展的新阶段。2015年、2016年，公安部连续举办两届“三微大赛”，让公安微电影的星星之火迅速发展成了燎原之势，每年数千部作品应运而生，遍地开花。

公安微电影的迅速发展离不开两大背景，一个是微电影业界的发展和技术创新，另一个是公安影视创作迎来新的发展期。微电影自身的发展随网络视听节目不断发展，已经成为影视作品的一个有益补充。在微博、微信等新媒体的应用方面，公安系统也是最活跃的群体之一，并且发展快、数量多，这些都为公安微电影的发展奠定了坚实的基础。此外，公安影视的创作也进入了一个“花开时节”，近年来不仅实现了重回卫视黄金档的突破，也实现了叙事方式、人物形象塑造和艺术水准的突破，这标志着公安影视剧创作全新时代的到来。

公安题材微电影是伴随微电影的发展而兴起的，从最初的反映警营生活，到展示公安队伍形象，再发展到公共安全、危险防范、法律普及等价值体现，公安题材微电影经历了跳跃式发展。

微电影的门槛低，“85 后”甚至“90 后”的民警思维活跃，乐于接受并尝试新鲜的传播方式，拍一部公安题材微电影既可以过一把“导演”或“演员”瘾，又能向外界展示有血有肉的真实警察形象。一部相机、甚至一部手机，民警便可以自编自导自演，最初的公安题材微电影多是一种“过把瘾”的尝试，甚至有的都只能算是微视频，而不是成型的电影作品。而微博、微信和视频网站的平台传播，解决了发布渠道的问题。这些条件碰撞在一起，很快就让公安题材微电影深入整个公安系统。

据媒体公开报道显示，2012 年 9 月，浙江省温州市公安局瓯海分局仙岩派出所拍摄了一部微电影《我的警营我的家》，以反映基层公安实战单位警营文化建设丰硕成果为主题，以一名新警如何融入派出所工作和生活为主线，由所里的民警、协警担任演员，真实反映了基层实战单位民警的“快乐工作、幸福生活”。同时期，江苏省昆山市公安局独立拍摄制作的以防范电信诈骗为主题的微电影《女神的逆袭》发布。剧本根据一起发生在昆山的真实案例改编而成，讲述了一名妙龄女郎被犯罪分子通过“公积金上调须转移资金至公共账户”的诈骗手段骗走了一万块钱，但女子发现被骗后发挥自己的聪明才智把被骗走的钱又“骗”了回来，完成了一次“华丽的逆袭”。片中还穿插了“购车退税”“涉嫌国际诈骗”等常见电信诈骗手段行骗的故事，给人以警示。此时，微电影这一艺术形式就如星星之火闪烁在全国公安机关。

2012 年 12 月，公安部消防局联合相关单位开展了消防微电影征集活动；2013 年 8 月，国家禁毒办举办“全国禁毒公益微电影大赛”，鼓励媒体人拍摄出优秀的禁毒题材作品警醒世人；2013 年 12 月，浙江省公安厅推出警营微电影展播活动，第一季就有 14 部影片亮相；2014 年 12 月，陕西省公安厅主办了“2014 陕西公安微电影展播”，16 部展映微电影全部由基层公安民警自编自导自演，涵盖了刑侦、治安、禁毒、交警、消防等多个警种……一系列活动的开展，让公安微电影之花芳香四溢。

2014 年至 2016 年，公安部先后组织两届全国公安民警微信、微博、微电影大赛，2016 年、2017 年，中央政法委、中央综治委先后举办两届“平安中国”微电影微视频比赛，公安微电影的发展已成燎原之势。

从数量上来说，2012 年全国仅有有限的几部公安题材微电影，2013 年就到了上百部作品，2014 年据不完全统计能达到近千部作品，近两年来，每年的公安微电影作品都有数千部，2016 年已经接近 5000 部作品。从质量上来看，公安题材微电影作品近年来先后获得亚洲微电影节“金海棠”奖、中国广播电视协会“金骐奖”、山东省电视艺术“牡丹奖”等影视业界专业奖项。在行业内的多次评选活动中，也涌现出大量优秀作品。

5 年来，公安题材微电影的发展可谓一年一个跳跃，一年一个大发展。在各种组织性活动的激励下，已成燎原之势的公安题材微电影创作已经进入一个爆发期，如何有效引导公安题材微电影健康良性发展，成为目前一个很重要的课题。

公安题材微电影的政策支持和活动组织

公安题材影视作品是公安文化的重要载体，是传播法治理念、增强法治意识的有效方式，是构建和谐警民关系、营造良好执法环境的重要途径。多年以来，公安部和各地公安机关大力支持公安题材影视作品的创作，积极推动公安文化建设。近年来，公安题材影视剧和微电影的快速发展，离不开公安部的领导，离不开多年以来公安文化建设的基础，离不开各地公安机关对影视文化的支持。

2015 年 7 月 30 日至 31 日，公安部宣传局在黑龙江省哈尔滨市召开全国公安题材影视剧创作座谈会，邀请全国部分省市公安机关的有关代表以及 10 多家影视制作机构负责人等，共同研讨公安影视剧的创作和发展。从 20 世纪 80 年代家喻户晓的《便衣警察》开启公安题材影视剧发展的新纪元，到 90 年代轰动一时的纪实剧《9 · 18 大案纪实》，到 2005 年享誉警营内外的典型人物剧《任长霞》，再到近年来反映重大专项行动题材的电视剧《湄公河大案》等，无一不引起巨大社会反响。同时，电影《警察日记》《白日焰火》在国际电影节上荣获大奖更是多年来少见。多年以来公安题材影视剧的发展，培养了一大批优秀的编、导、演人才，为公安题材微电影的发展奠定了良好的基础。

2014 年 5 月，全国公安影视创作培训基地在江苏省苏州市公安局揭牌，130 余名民警学员进行了培训学习。2015 年以来，中国警察网先后组织多期公安电视节目创新和微电影创作研修班，培训各地公安民警近 2000 人。在人才培养方面，各地公安机关还积极实施“请进来、走出去”战略，组织专题培训，邀请专业人员，开展电影造型、剧本创作、电影技术、后期制作、视听语言、电影表演、电影导演及影片赏析等方面的课程培训，在实际工作中培养锻炼人才，提高专业素质和整体水平。如安徽省公安厅“十三五”规划（2016—2020 年）就提出，要加强新闻报刊、影视栏目，支持优秀文艺作品创作。重庆市公安局政治部宣传处影视中心的工作人员 24 小时配备防弹衣，冲在抢险救灾、案件侦破的第一线，始终与一线民警风雨同舟，积累了大量原始素材和案例，为公安题材微电影的创作提供了丰富的内容。

在公安题材微电影的拍摄制作中，各地公安机关都积极参与，并出动警力、车辆、设备等，全力支持和保障。从目前公安题材微电影的制作来看，大多由地方公安机关主导，少部分是公安民警自编自导自演的个人作品。从资金投入上来看，大都由各地公安机关进行投入，少部分由社会资金参与。据公安微电影联盟的一个小调查显示，公安题材微电影的投入在 10 万元以下的占 64%，其中有 43% 是投资在 5 万元以下的低成本，很少有投资 30 万元以上的微电影制作。

值得注意的是，公安题材微电影不同于普通题材，离不开好的剧本，更离不开严格的审核工作。根据中央宣传部、公安部、国家新闻出版广电总局 2011 年制定的《关于切实加强公安题材影视节目制作、播出管理的通知》，严禁出现危害国家安全，泄露公安工作中的国家秘密；暴露侦查手段，过细渲染犯罪细节；不符合公安工作实际，胡编乱造；违反公安民警行为规范和纪律要求的，损害公安民警荣誉和利益的，损害公安民警形象的内容。因此，公安机关在微电影策划、编剧、拍摄、制作等过程中，要履行严格的把关责任，避免出现违法违规内容。

公安题材微电影的创作与传播现状

一辆运输车在浙江省台州市椒江区丢失了一箱河豚，河豚有剧毒，台州、椒江两级警方开始了全城搜索……这个真实案例被台州市公安局拍成了微电影，名叫《河豚河豚》。像这样由真实案例改编制作而成的微电影是公安题材最大的特色，可以说，公安队伍不缺一流的故事，而是更需要一流的表达。目前，公安题材微电影的创作呈现“三多三少”的局面。一是公安民警参与多，社会专业人士参与少；二是公安民警参演多，专业演员参与少；三是经济发达地区作品多，中西部欠发达地区参与少。由于公安题材的专业性和特殊性，很多根据真实案例改编的微电影作品大都由公安民警进行创作，很少像其他影视剧作品一样，会组织专业的编剧进行采风。同样，由于投入资金的限制，剧中角色很多都是公安民警和家属本色出演，极少作品会邀请专业演员参与，像辽宁省鞍山市公安局立山分局的微电影《片警老王》请著名演员马跃饰演主角，这样的作品并不多。从各地的发展来看，明显呈现出东强西弱的态势，东部沿海经济发达省份，如江苏、浙江、福建、广东等地，公安题材微电影作品数量多，质量高。在很多地市，每个县区公安机关甚至很多基层派出所队都拍摄了不少微电影作品，有的还成立了专门的工作室。但是，随着微电影在公共安全防范、公安形象宣传方面展现出的特殊优势，2015 年以来，安徽、云南、广西等中西部省份的公安微电影创作也逐渐迈入一个新的发展期。

一部好的影视作品离不开好的剧本，熟悉公安队伍的警营作家是公安题材微电影创作最宝贵的资源，荣获第 11 届上海国际电影节评委会大奖、最佳男演员奖、第 10 届金盾文化工程奖的《千钧。一发》，其剧本由黑龙江省公安厅民警、公安作家兰景林创作。由北京市公安局海淀分局民警代雁担任编剧的电影《神探亨特张》，更是获得第 49 届台湾电影金马奖最佳原著剧本提名。在剧本创作上依托公安作家群体，深入挖掘公安队伍的典型人物和真实事例，才能创作出一个好的作品。获得“安全行·中国”首届公益微电影创作大赛最佳女主角、最佳编剧、网络人气、优秀微电影四项大奖，荣获第 27 届山东省电视艺术“牡丹奖”一等奖的公益微电影《警花路放》，以山东省淄博市公安局交警支队张店大队已故民警孙爱民为原型创作。在创作过程中，剧本从一篇追忆已故民警老孙的文章入手，搜集整理张店交警大队基层民警的典型事例，从初稿到改编，反复修改，并请专业人士指导，采用了情感叙事的策略，用两条时间线来讲述故事，最终实现了良好的宣传效果。

在公安题材微电影的传播方面，公安机关作为新媒体应用最广泛、最深入、最有效的行业，具有独特优势。除了通过微博、微信和视频网站等传统的渠道发布之外，很多微电影作品向手机、移动终端、楼宇视频、广场大屏等方面拓展。据公安微电影联盟的数据统计，在网络播放方面，超过90%以上的播放来自于移动终端，平均播放时长为11.3分钟。从每天的视频观看时间段分析，从早上7时到晚上23时均存在一个较平稳的观看期，其中，8时、12时、22时会有三个高峰期。在观看公安题材微电影的用户年龄方面，18至24岁的占38.8%，25至29岁的占20.7%，18岁以下的占17.4%，合计30岁以下的占76.9%。可见，由于传播渠道的移动化，公安题材微电影面向的主要群体是“80后”“90后”。在用户学历方面，高中学历占45.96%，本专科学历占36.8%，硕士学历占12.7%。

公安题材微电影的价值体现和产业探索

公安机关一直是影视作品的富矿，涵盖的内容比较广泛，既有公安队伍的形象展示、公安民警的典型宣传，也有情节曲折的大案要案、公共安全的防范教育，很多微电影就是在公安机关真实案例的基础上改编而成的。跟群众关系密切的防范电信诈骗、网络防骗提醒、交通消防安全知识等方面的微电影，更容易受到大家的喜爱。从微电影涉及的警种来说，从社区民警、户籍民警到刑警、特警，从交警、网警到消防、边防，可以说公安机关的各个业务部门和警种都有涉及。从数量上来说，涉及交通安全、平安出行的交警题材微电影和防范电信诈骗的微电影作品普遍较多。

在内容上，公安题材微电影不再是浓墨重彩地讲述警匪之间的斗法、斗智、斗勇，不着重描述案件的侦查破案过程，而是逐步转向还原警察生活，侧重讲述人物成长历程，从时代的大背景中审视公安工作的发展进步，体现公安机关的历史担当和社会责任。从社会影响方面看，公安题材微电影具有很强的教育和引导意义，积极作用非常明显。如2014年“首都网络安全日”期间，由北京市公安局网络安全保卫总队出品的微电影《依然@》和《骗子的自白》，以寓教于乐的方式让网民了解到新型网络犯罪手段，提高了网民的网络安全防范意识。2015年7月，山东省威海市公安局发布的防诈骗主题的原创方言说唱MV《擦亮你的眼》，为网友揭示了网络诈骗、电信诈骗、接触性诈骗等多种诈骗手段，以幽默诙谐的语言展示出多种防骗技巧，全面提高群众防骗意识，免遭不法侵害。该作品仅腾讯视频单平台点击量就超过千万，并从线上火到线下，后续又推出“跟随新节拍·擦亮你的眼”威海首届原创广场舞大赛活动，参与人数达3000余人，让防骗技巧走入群众，深入人心。各地公安交警部门以微电影为载体，以宣传交通安全为目的，以普及交通法规和安全知识为主要内容拍摄了很多主题微电影。这些作品拓展了交通安全宣传教育的参与面和受众面，进一步提高了广大交通参与者的文明交通素养，共同营造良好的交通环境。如山东淄博交警的微电影《警花路放》通过两条时间线来讲述故事，突破了对法律法规知识解读“教条式”的刻板僵化，避免了现场事故视频回放和图片报道触目惊心的“血腥味”，以其真实的故事、诚挚的情感打动观众的内心。这既是一种宣传方式的创新，也是向社会公众普及交通安全知识、提高遵章守法意识的创新。

在传统的公安题材影视作品制作中，社会化资源高效整合，公安机关、电视台、影视制作公司携手，不断打造具有社会效益和经济效益的精品，在坚持艺术水准的同时，通过社会化运作，解决资金投入的问题。相对于业已成熟的电影电视剧来说，尽管公安题材微电影凭借投资成本小、易于传播、主题明显等特点，容易激发更多的普通民警参与创作、编排、导演，但是要想长足发展还面临着资金投入不足、资源整合不够、不重视宣传推广等方面的问题，这些都需要通过业界和公安机关的有效合作以及社会化资源深入运作来解决。

对于一部微电影来说，最难的是在短时间里去呈现一个完整的故事，而且这个故事还要讲述得扣人心弦，有头有尾。因此，微电影的创作想要专业化，需要在叙事方式上有所创新，更要遵循基本的艺术规律。目前公安题材的微电影在很大程度上过于重视宣传意义，缺少足够的艺术性，在这方面，需要引入专业的影视编剧参与创作，在源头上把好关，为一部好作品奠定坚实的基础。我们既可以发掘公安队伍里的编剧人才，也需要走向市场，寻求专业人士的参与。

一部好的微电影作品有两个关键因素，一是剧本，二是资金。微电影现在已经不只是单一的新媒体，已经逐步成为一个产业链，要把这个产业链做大做强就需要建立更大的联合平台，建立规范的产业链，整合更多的社会资源。一方面，可以和视频网站合作，打造原创公安题材微电影的品牌和阵地，以此吸引广泛的投资者和合作伙伴。另一方面，可以反向输出到电视平台，扩大影响范围，实现多媒体联动共赢的格局。同时，必须要认识到的一点是，微电影作为一种艺术作品，决定其发展程度的始终是受众。受众反响足够好，说明作品的创作才是成功的。作为公安题材的微电影，除了体现其宣传效果和价值导向外，也必须遵守这一规律，要注重宣传推广的时机、方式、效果。如果人们能像聊一部大片那样去关注一部公安题材微电影作品，说明这部作品是成功的。通过充分合适的宣传推广，让更多的受众去接受，影响更多的人，除了使影响力得到提升之外，同样可以促进社会资源的选择，形成良性的产业发展。

在平台建设上，可以通过专业委员会或者公安微电影联盟，建设公安题材微电影集中发布的阵地，建立公安影视人才数据库，建成公安微电影需求与社会资源对接的平台，建造公安题材微电影经验交流的基地。通过专业化的平台运作，孵化更多更好的公安题材微电影，让公安机关和社会资源牵手，打造更多的精品微电影。同时，还可以保障以人民和警察为中心的创作导向，规范行业的健康有序发展。

2017年以来，随着政策规范的调整和网络视听环境的变化，公安题材微电影的发展必将进入一个更加规范、更加有序的调整期。制作资质的要求让公安微电影不再是放任自流的自娱自乐，而是必须成为专业力量介入的艺术作品。审核备案的要求让公安微电影不再是随意创作的内容洼地，而是必须符合影视规律和公安业务的过审作品。虽然新规会在一定意义上减少公安微电影创作的数量，但必将提升整个行业的作品质量。相信随着规范的进一步明晰、活动的不断开展、平台的逐渐壮大、资源的汇集整合，公安题材微电影的创作发展将逐步走向一个新的发展阶段。

（作者系中国警察网影视中心主任、公安微电影联盟秘书长）

融媒体语境下，两会网络专题如何创新

陈显君

一年一度的全国两会，是我国最高权力机关集中民情民智、决定国家大政方针和发展走向的重大会议。作为全国人民政治生活中的大事，两会越来越受到海内外的关注，这一方面得益于中国政治社会的进步与开放，另一方面也得益于互联网技术推动的两会网络新闻报道的规模化、便捷化传播。其中，作为互联网高端产品的网络新闻专题，集文字、图片、音频、视频、图表、flash 等多种表现形式于一体，业已成为两会网络新闻报道的主力模式。

网络新闻专题一方面能够最大限度地满足受众对信息的深层次需求，另一方面也是各家网络媒体打造和提高品牌竞争力的重要手段之一。以人民网、新华网为代表的党报网站和以新浪网、腾讯网等为代表的商业门户网站以其各自的优势和特点，在两会“新闻战”中相互竞争、合作、展现传播力和影响力。本文选取上述网站作为研究分析对象，从媒介融合的角度探讨网络新闻专题的发展与创新，并以此为基础，尝试提出中国警察网两会新闻专题的优化策略。

两会网络新闻专题的融合表现

据中国人民大学舆论研究所编著的《2010 年全国两会网络舆情研究报告》，2010 年，有约 80% 的受众通过网络获取全国两会信息。而早在 2003 年，两会网络报道便开始走专题化的路线。在经历了从简单的内容聚合到复杂的策划整合过程后，我国的网络新闻专题已日趋成熟，网络编辑在内容和形式上不断尝试革新，使得网络新闻专题已成为网络空间内重要的“公众舆论场”之一。

以人民网为代表的党报网站和以新浪、腾讯为代表的门户网站，因其不同的管理模式和报道理念，形成了各具特色的“两会”专题报道格局——前者作为传统媒体的延伸和发展，坚守社会责任，彰显权威形象，引导社会舆论；后者公共特性较为突出，遵循市场规律，以“受众本位”为核心，最大化地满足受众需求。

尽管因报道理念的不同，导致了在内容设置和表达形式上的差异，但通过对各家媒体的两会专题进行分析可以发现，在媒介融合时代，无论是党报网站还是门户网站都表现出以下融合特性。

（一）全景展现、全时传播

由于不受时空限制，海量的信息内容使得网络新闻专题形成了一种全信息景观。在两会报道中，从会议日程、工作报告、分组讨论、答记者问到代表委员精彩语录、两会花絮、记者感言、相关背景资料等报道，呈现了全方位、多角度的信息。据统计，2011 年两会，新浪、搜狐、网易三大门户网站共刊发 1.8 万篇新闻报道（不含图片），转载自 354 个中央及各级地方媒体。（据缔元信《2011 年“两会”专题传播效果分析报告》）

与此同时，网络媒体的即时性和信息数据库存储，使得网媒实现了全时性、零时差传播。在人民网、新华网两会专题页面，网民可以第一时间看到滚动播报的即时新闻，开闭幕会、政府工作报告、新闻发布会、答记者问等新闻现场也通过现场播报、视频直播等形式呈现在网友眼前。网友既可以选择第一时间接受、也可以自主安排时间获取想要的信息，它不会转瞬即逝，实现了全时性传播。

（二）“超文本结构”创造更多用户体验

网络新闻专题的“超文本结构”颠覆了传统报道中相对单调的

新闻表现形式，文字、声音、图片、动画和影像等多媒体元素的应用，使得新闻内容图文并茂、视听共赏。网络新闻专题利用新产品、新形态、新技术的有效融合，带给受众更多的阅读享受和用户体验。

2015 年新浪两会专题特别策划“习大大蛮拼的”“强哥的 KPI”，以电子杂志的形式生动展现了这一年中党和国家领导人的足迹和“成绩单”，以视觉语言代替文字稿件，在传播信息的同时回应网友的审美诉求。

2016 年新华网两会专题打造全新栏目“新华全媒头条”，两会期间，每天推出一个热点话题，涉及医疗、卫生、教育、收入分配等百姓关注的方方面面，以电子杂志的形式，融入了图像、文字、音频、视频等多种动态手段，以及超链接、及时互动等多种网络元素，给网友带来一种全新的用户体验。这类策划一般制作精美，以 flash 或图片为主要表现手段，类似于杂志封面的布局，以鲜活的故事、灵活多样的手法、自然清新的界面，创新网络新闻专题形式。

（三）圈场性互动搭建社会沟通平台

媒介融合语境下的传播具有交互性，网媒与网友、网友与网友之间的互动，使得大众传播的场效应与人际传播的圈效应相互融合，形成一种圈场性互动。

据《2015 年全国两会网络传播大数据分析报告》显示，2015 年全国两会召开期间，0.84 亿网民访问了两会专题页面，带来的页面浏览量达 5.08 亿。在网络的开放时空，网民不仅仅是信息的接收者，更是反馈信息、发帖、跟帖甚至引发热点话题公共讨论的参与者，人人手里都有“麦克风”。

两会专题中互动的形式和内容多样化，各大网站基本都设立了调查、讨论、建言专区，并与微博及其他媒体进行联动。值得一提的是，微博议事已成为潮流。自 2010 年起，连续三年，新浪网、搜狐网均与新华网合作，利用微博开展“我向总理说愿望”栏目，2015年新华网“2015政府工作报告我来写——我为政府工作献一策”公开征集社会各界对政府工作报告的意见建议。无论是总理的“网友会”，还是表达网友心声的“意见广场”，两会专题报道不再是单向的会议新闻，而成为广大网民参与两会、融入两会、沟通交流、进行圈场性互动的平台。

媒体深度融合重构两会报道新秩序

两会网络专题报道属于大型时政类专题，同时也是一种可预知类专题，极易落入“程式化”的报道模式和“同质化”的报道内容之中。如何让两会报道“常中出新”，通俗、易懂、更接地气，是长久以来业界期待有所突破的问题。

2014年是一个转折点，这一年可视为媒体融合元年，《关于推进传统媒体与新兴媒体融合发展的指导意见》从国家顶层设计层面重新明晰了媒体融合的内涵。随之而来的是，可视化报道的探索频频触碰全国两会，得到网民的一致好评。在2017年的两会报道中，媒体融合进一步深化，变革内容生产模式的“中央厨房”机制从“星星之火”发展为“燎原之势”，主流媒体与网络媒体深度跨界合作、互动共享、形成合力，共同描绘两会“同心圆”。

（一）“中央厨房”机制带来内容生产模式的变革

在众多媒体融合创新中，人民日报全媒体平台开创的“中央厨房”机制具有里程碑式的意义，也逐渐发展为主流模式。

2015年3月2日全国两会召开前夕，“中央厨房烹制新闻美味”的红色图标，出现在人民日报的要闻四版，标志着人民日报全媒体平台项目首次亮相。

“中央厨房”模式采用“总编调度中心—内容发布和渠道分发管理系统—采编联动平台”三层组织架构，通过建立采编联动平台，统筹采访、编辑和技术力量，实现“一次采集、多元生成、多渠道传播”的工作格局。

“中央厨房”的“集成平台＋多元联动”的特点颠覆了传统“以稿件为核心”的内容生产模式，将生产过程流程化，让更多的智慧和技术可以在作品里得到运用，产品创新效率和信息服务能力显著增强。

依靠“中央厨房”机制，人民日报在两会报道中大放异彩，特别是在2017年的两会报道中频频推出形式多样、内容充实的“爆款”新闻产品，“人民代表习近平”微视频、两会版《成都》MV、“两会喊你加入群聊”H5、“Word两会我做主”Rap动画、“厉害了我的两会”等产品均在推出后刷爆朋友圈，产生了巨大的社会影响力。

（二）媒体跨界联动，重塑两会报道格局

“中央厨房”机制在资源嫁接、跨界生产、充分释放融媒体内容生产能力的同时，也极大地影响了两会报道的格局。

2017年人民日报、新华社、央视等主流媒体纷纷确定了“新媒体移动优先报道方案”，在微博、微信、客户端等平台首发两会资讯，实现实时推送；在两会专题网页发布全面、完整的报道信息，筛选其中一部分与深度追踪报道构成传统纸媒的内容。由此形成“移动端讲快、专题网页讲全、传统纸媒讲深”的梯度报道格局，既保证了平台内容的差异化，又实现了传播效果的最大化。

以中国青年报对政府工作报告的解读报道为例，除了在网页专题上进行快讯、直播等滚动报道，其微博账号抢先发布了《2016年〈政府工作报告〉主要指标任务完成情况》的截图，阅读量高达2998万；随后，《二维码印上政府工作报告、监督政府就要这样方便》以及《政府工作报告的二维码是这样出炉的》等多篇报道和图表新闻在两会专题网页上推出，后一篇报道在2017年3月6日

的中国青年报上刊登。

也因此，在分析2017年各大网站的两会专题页面时，不难发现其面貌悄然发生着变化：视频播报、H5、flash等优质的可视化内容，在两会专题网页上置顶或集纳形成专区，并附有二维码，扫码可进入移动端观看。在新浪2017年两会专题页面开设了“手机看两会”专区，8个栏目均以“栏图+标题+二维码”的形式呈现，这在历届专题中是绝无仅有的。从某种意义上来讲，网络专题页面为移动端内容做了导读，两会专题报道创新的重心向移动端集中的趋势愈发明显。

中国警察网两会网络专题报道的优化策略

自2010年起，每年的全国两会，人民公安报中国警察网（下文中出现的“警网”为简称）都会成立两会报道小组，策划推出两会网络新闻专题。在2017年的两会报道中，人民公安报首次启用了“中央厨房”报道机制，优化采编、制作、发布流程——前方记者“睁大眼睛”积极主动发现线索和热点，在完成文字类传统报道任务的同时，拍摄小视频以供“两微一端”重新包装传播；中国警察网、新媒体部则通过议题设置、数据挖掘、增强互动等方式使报纸、网页端及新媒体在两会报道方面形成传播合力。

在“中央厨房”的统一指挥下，警网2017年的两会专题除进行常规报道外，还开设了融媒体专栏“两会微网端”，下设“微微道来”“热点扫描”“数读两会”三个独家策划版块，收集网友关心的热点问题，由前方记者向代表委员提问；用图解新闻等可视化方式聚焦法治和公安工作热点。

然而，与其他成熟的政府或商业网站相比，警网的两会专题报道还存在诸多不足，比如媒体融合形式大于内容，没有根本性的突破和创新；网友有效参与的程度较低，片面追求趣味性和互动性，在一定程度上影响了受众对严肃议题和热点问题的关注和讨论；信息同质化现象严重，报道缺乏个性，等等。因此，如何打造个性化优势、避免报道效果陷入“平庸”，如何增强对受众的吸引力、提高受众的参与度，如何突出“重围”，成了警网两会专题的当务之急。

（一）主题基调：依据网站自身特点设定主题方向

如前所述，两会可预知的自身特性使得各网站的两会专题极易出现同质化现象。因此，专题方向设定成为专题内容差异化的关键。网络新闻编辑需要结合网站自身的特点，包括网站的运营政策、编辑方针、价值取向等来确定内容方向，设计思路，取舍信息以引导并影响受众认知，从而进一步引导舆论。

中国警察网是公安部主管、人民公安报社主办、具有政府背景的公安系统专业网站，肩负着社会责任，社会效益要远大于经济效益。因此，在报道主基调上应着眼于以报道和解读法治政策为核心，侧重讲好公安故事、传递公安代表委员的声音，引导舆论，传播正能量。

（二）专题内容：将策划意识贯穿始终

两会专题报道的竞争，归根到底是一场对信息资源的开发及内容整合之争。首先应该体现在专题议题的设置上。综观 2017 年两会专题，各大网站的议题设置均有所不同：对定位于精英受众的凤凰网来说，围绕经济议题进行报道并解读成为其最佳选择；而新浪网的商业性质，要求它必须以吸引受众为首要目的，因此专题内容贴近民生、浅显易懂；人民网的议题设置体现在栏目的丰富程度上，立足于对两会进行多方位的平衡报道。

其次，在以核心报道为主的基础上，还应加强对周边信息的整合梳理，人民网《图解十年两会》就属于此类报道。而对警网来说，就是要将公安代表委员的履职情况、会前准备、记者观察、网友投票、会场花絮等信息进行充分挖掘、整合，增加专题的饱满度，以期获得更大的传播效果。

综上所述，编辑在架构两会网络专题的框架时，需要具备较强的策划意识——打造专题内容的差异化；较强的信息整合能力——扩大专题内容的纵深感；较广泛的多媒体技术运用能力——提高受众的参与度、扩大专题的传播范围。

（三）表现形式："倒金字塔"结构＋可视化呈现

就两会网络专题的页面设计来说，"倒金字塔"的结构可谓至关重要。因为除了两会的重要新闻资讯之外，策划性栏目才是体现专题传播价值、提升网站品牌形象的关键所在。通过浏览各大网站的两会专题页面不难发现，"重要新闻＋策划栏目"的"倒金字塔"结构成为普遍采用的形式。警网在2017年的页面设计上强化了这一理念，将"两会聚焦""图解两会"等报网重点策划的栏目融入到头图设计当中，以吸引受众关注，达到更好的传播效果。

除了版面的设计之外，新闻阅读的可视化呈现也"助推"专题内容表达。快节奏生活方式衍生出的快速阅读、浏览模式使得受众渐渐放弃冗长的文字阅读，转而对可视化的新闻信息产生了浓厚兴趣。新闻内容可以通过flash动画、漫画、色彩鲜明的图表等形式直观展现，原本数以千字计的新闻可在几分钟之内便阅读完毕。

在这方面，警网也一直在进行探索和尝试，如推出《图解新闻》等栏目，但仍不能称其为真正意义上的"可视化"。因为一些报道虽然披上了可视化的外衣，但实质上仍然是传统报道内容的简单堆砌，不过是将文档形式换成了图片形式，实则换汤不换药；又如一些报道，单纯追求形式上的新颖，而在内容上缺乏内在逻辑性，忽略了真正要传递给受众的信息内容本身。

笔者认为，警网进行两会专题报道下一步的努力方向应该是将形式和内容巧妙结合起来，推出更多兼具形式创新和内容有效性的可视化产品，用可视化形式为新闻内容锦上添花，而非流于"华而不实”的技术噱头。这就要求我们通过推出更贴近受众需求的新闻产品，实现从新闻传播向信息服务的转型，使网民关切与两会主旨同频共振，最大限度地凝聚共识，从而进一步提高警网的传播力、公信力和影响力。

（作者系中国警察网新闻中心副主任）

试论网络编辑的能力建设

易 立

2017年6月，全国都聚焦于高考这项一年一度的“全国最大规模的考试”，关于高考的各种新闻信息层出不穷，从高考安保、高考送考、高考作文、高考状元……任何一个和“高考”有关的关键词都能迅速占领360、百度等网络热门搜索榜，赚得不俗的网络访问流量。高考结束后，6月12日，笔者看到了一条关于“高考满分作文”的新闻在网上流传，这篇“满分作文”题名《人生如路，快上车吧》，文笔优美，内容也可圈可点，发布出来后被各家网络媒体转载，占据了不少新闻网站的醒目位置，甚至上了热门搜索榜单。笔者没有立刻选编转载，最大的原因就是没有官方权威发布正式说明，其次是因为有前车之鉴——以往高考满分作文“谣言”较多，尤其是历年来不少在微博和微信朋友圈盛传的种种“满分作文”，最后都被证实是“李鬼”。相似的例子还有，一度在网上盛传的“屠呦呦瑞典演讲稿全文”，最后也被证明是子虚乌有。

不出所料，在笔者辗转多处了解、证实后，得出了结论：此高考满分作文是一位高中生在微信公众号中发布的文章，该生为了增加转发量，起了个“满分作文”的标题，引起了一系列的连锁反应。

网络编辑须有鉴别能力和在线采访能力

从以上这些例子可以看出，在信息化时代，对网络编辑的要求是“快且准”：在大量繁杂的信息中辨别求证，去伪存真，还要根据线索整合编辑，在第一时间发布，抢占先机。网络编辑不仅要具备基本的采编能力，更要有在线采访的能力，与受众互动的能力。

首先，网络编辑必须具备采编基本素养，也就是编辑和采访的能力。网络编辑更要抱着审慎的态度，多角度求证信息。就“高考满分作文事件”的例子而言，笔者致电当地的教育局和招生考试院，从官方处证实了该新闻不实：2017 年，江苏各科试卷评阅于 6 月 22 日左右结束，再经过质量检查、成绩校验、成绩合成汇总等多个环节后，预计 6 月 25 日公布高考成绩，在此期间，不可能有任何的试卷相关信息流传出去。如果网络编辑人云亦云，随意转发网络新闻，不加思考和求证，很可能会掉到“坑”里，进而影响网站声誉和权威性。

2015 年起，国家互联网信息办公室提供了一份“可供网站转载新闻的新闻单位名单”，即坊间所谓的“白名单”。名单成员均是权威可靠的媒体。网站在转发时，一般都会优先选择该名单上的新闻。当然，这并不意味着这些新闻就完全可靠，网络编辑在每时每刻都需要有质疑“真相”的精神，更要有求证意识。

其次，网络编辑需要不断提高自己的在线采访能力。在线采访，是一种借助网络在线服务进行新闻采集或借助公共或私有的数据库进行数据的收集与分析的采访方式，广泛应用于网络媒体记者之间。它借助互联网强大的搜索引擎和超链接的方式，利用电子邮件、QQ、博客、微博、微信等即时通信工具在网上寻找新闻线索、进行新闻访谈、查询背景资料、查证新闻事实。如上文提到的高考作文事件，笔者在证实此作文并非真实高考作文后，在网络搜索时发现，这篇“作文”来自一个名叫“哦谈会”的微信公众号，推送时间为 6 月 7 日，这一天正是 2017 年江苏高考语文考试的日子。微信的原文标题就叫《今年高考满分作文出现，快来围观!》。公众号推送时估计没想到，这篇“满分作文”居然会在这么短的时间里迅速扩散，让不少人信以为真。6月8日，也就是这篇“满分作文”面世的第二天，“哦谈会”发出了一篇新帖子“以正视听”，帖子的名称表述得很明白，《“高考满分作文”是假的，但我是真的》。笔者就将该微信号和微信号所发布的相关内容截图放到辟谣的稿件中。除此之外，笔者还在该微信号留言要求采访，但未被接受。

编发网络新闻时要始终考虑受众感受

在编辑的前期工作做好后，就要着手编发网络新闻。在这个过程中，有一条指导原则必须牢记：要考虑受众网友的感受。网络新闻要分析受众的宏观和微观需求，网络编辑要理解网络新闻的受众，满足受众的心理要求。在宏观上，以传播者为中心，网络新闻编辑有新闻的选择权，传播者是主动的。在微观上，网络新闻的选择是以受众为中心的，需要了解受众需要的信息和传播方式。

对于网络编辑而言，在保证网络媒体所应承担的社会责任的同时，为了适应受众选择性注意的心理机制，切合市场竞争需求，网络新闻标题的制作要注重内容上的趣味性及形式上的可读性。所谓网络新闻标题的大众化，指的就是新闻标题亲切通俗的特点，既运用口语化的语言传递新闻中最重要的信息，又适合广大受众的接受心理，充满人情味和亲和力。事实上，这种具有语言张力的大众化标题，能够吸引受众既读题又读文，达到看一眼夺人眼球、读下去引人入胜的效果。网络标题不仅要求完整准确，更要求生动形象，让受众有亲切感。比如拿《中国妇女报发布性别歧视类禁用词　网友点赞媒体素养》与《中国妇女报发布性别歧视类禁用词　剩女直男癌在列》这两个网络新闻标题进行比较，后者的标题包括了网络流行词汇，更容易吸引眼球，但是标题的制作不能断章取义、哗众取宠，流于低俗恶俗，更不能无中生有、欺骗网友，单纯为了转载量和点击量制造“假标题”，比如上文提到的高考作文事件。

从受众网友的角度而言，在地铁、公交车上，在吃饭的间隙，在工作闲暇时段，利用碎片时间，打开网页或者拿出手机，你是喜欢干巴巴的文字还是图文、视频等综合性的呈现方式呢？毫无疑问，绝大多数人会选择后者。在报道中，要综合图片、音频、视频（包括小视频）等多种形式，增加视觉、听觉等感官冲击。如果能有与新闻直接相关的现场图片，就多放现场图片，退而求其次，放一些相关图片或者抽象图片。例如，2017 年 8 月 4 日，辽宁大石桥市一位派出所所长在察看汛情途中因公牺牲（该民警巡查水库时候坠入水库牺牲），由于当地暂时没有新闻照片，就可以先配发一些影视剧中警车坠河的照片。关于视频，如果有独家的视频最好，如果没有，就在腾讯、优酷等视频网站搜索相关视频，插入新闻事件报道中。这里需要注意的是，在发布图片和视频的过程中，编辑需要仔细核对，筛除不利于社会稳定、民族团结，有悖于社会主义核心价值观的照片和音视频。辽宁当地新闻网站在发布这位派出所所长牺牲的照片时，选择了一张该民警佩戴 1984 年维稳奖章的照片，一些公众号在转发时也选择了这张照片，从网民的接受心理角度而言，显然并不合适。

除了注意首页标题的编辑和用多媒体报道形式，网络编辑还要充分利用网络媒体的交互功能，重视与网友的互动。在互联网时代，由于网络的开放性和信息渠道的多样性，受众有了较强的“参与感”，能够对新闻事件发表自己的看法，就不同观点进行争论。新闻事件发生之后，现场目击者、当事人可以通过微博、论坛、新闻留言等多种形式发布信息。在网络新闻报道中，交互功能可以通过嘉宾聊天、新闻留言、网上新闻调查投票、主题论坛、微博互动、微信留言、网络直播互动等方式来实现。

（作者系中国警察网新闻中心编辑）

@中国警察网的微改革之路

刘 健

你能看到它发布的每条信息，你却不知道它发布的每一条信息经历了多少次筛选和编辑过程；你能看到它的每一条评论和回复，你却不知道每一条评论和回复都有不止一个回复的文案“备胎”……

有人叫它蜀黍，有人叫它伯伯，从自称“小编”到被称呼“蜀黍”“伯伯”，称呼的改变也让人觉得更亲近，而@中国警察网的“粉丝文化”也在悄无声息地转变着——这一切源自2013年8月开始的@中国警察网微博的微改革之路。

内容、互动、激励三管齐下提升流量打造品牌

内容主体的布局与发布。中国警察网（下文中出现的“警网”为简称）是警务新闻网络媒体平台，打造品牌和提升流量对于警察网来说非常关键，而微博有着非常重要的作用。

自2013年8月以来，@中国警察网开始注重结合新闻热点推广原创内容，一方面通过依附链接导入流量，另一方面通过对原创内容的编辑推荐打造品牌。此外，微博接收私信等方式的投稿，对安全防范提醒等内容进行发布或转发，并协同部分警务微博合作制作内容和互相推广。

在微博这个特殊的舆论场中，正能量传播非常必要，对于这样的内容，警网微博会优先发布或转评。而在内容选择上，微博也向

社会“草根”级别的正面报道进行侧重，尤其是宣传警务人员正能量的新闻报道和线上活动。

在主题和渠道优先选定后，就进入自采稿或编辑稿件的过程，提炼新闻点做导语，根据网络语言风格制作标题并选取配图等，用内容打造@中国警察网。

创造性互动扩大传播链。你能看到它的管理员用“单身求解救”的话题刺激粉丝求关注，或严肃或卖萌地告诉你如何报警……但是你不知道它曾有过很多方案“备胎”。

转发评论的目的就是希望扩大传播链，扩大的关键在于刺激粉丝进行创造性互动，而作为公安政务微博，“政”和“法”是我们需要坚守的最基本的底线，用“官话”表明官方态度，用萌语贴近网民生活，拉近与粉丝的距离。为此，@中国警察网需努力引发粉丝的情感共鸣，抑或激发他们的创造力，通过多准备几个文案“备胎”，真正找到契合网民心理的内容。

互动激励提升累积效应。专人管理后，@中国警察网也开启了送礼回馈粉丝的时代。从安全防范台历到现在带有品牌标志的公仔警熊，通过线上送礼物回馈粉丝，我们增加累积效应，培养老粉丝的忠诚度，同时吸收了新关注者。

每一次线上活动、每一份活动文案、每一条规则制定，我们都尽可能为粉丝降低“心智交易”的成本——转发+评论就有机会获得。这样既增加了互动性，又使送礼信息在页面上不下沉，从而使活动效应最大化！

活动次数的增加就是信任的累积、情感的累积，我们通过平时评论、私信以及线下的交流，让“粉丝文化”向“朋友文化”转变，粉丝即是朋友，而送礼活动则成为朋友间“礼尚往来”互动激励的一条纽带。

“短”“平”“快”的内容发布助力报社媒体融合

2017年全国两会期间，人民公安报社采用“中央厨房”式的统筹报道方式进行宣传报道，新媒体中心成为报道团队和内容发布集合平台的重要组成部分，利用微博的快速反应和微信的深度黏性互动，新媒体中心通过“短”“平”“快”的内容发布助力人民公安报社的媒体融合。

不打无准备之仗。在接到全国两会宣传报道任务的通知后，我们立即着手与上会记者团队协商制订宣传计划，并通过他们获得公安系统的两会代表委员的资料。通过这些资料我们去搜索整理此前他们的两会建议，再通过对此近两年两会与公安机关有关的热点主题，研判今年可能出现或持续的热点，与宣传计划结合，做好当年两会新媒体宣传的前期准备工作。

“短”“平”“快”。为缩“短”报道前后方距离，我们利用网络群组打造前后方的无缝衔接平台。前方记者及时发布素材，后方新媒体编辑根据宣传纪律和微博热度周期及时审发，缩短内容的审核制作周期。在素材上，我们主打“短”视频，通过剪辑会场内外的花絮视频，带领粉丝走进人民大会堂和会议现场，利用两会代表的议政之声回应社会关切；在文本制作上，我们也要求“短”，140字以内的博文只是基本要求，我们尽可能把博文做到极致简洁，如被播放了70多万次的偶遇毛新宇的短视频以及播放了17万次的张仙蕊的议政之声短视频等都做到了简短有力。

网络是一个接地气的平台，微博微信尤甚，为此，我们在制作两会内容时，强调用“平”等和“平”易近人的互动拉近网友与代表之间的时空距离。我们制作短视频不要求精致美观，手机拍即可，就好似平时的视频聊天一样。除了短视频的呈现方式，我们还在微博微信的内容中设置“你支持吗”“支持请转”等互动字眼。

中国警察网官方微信共设置五项投票，超过三万人参与其中。同时，我们还专门通过开辟专题与公安代表委员做好衔接，其中“你有什么需要公安代表委员呼吁的，请留言”，收到了数百条评论，我们将评论反馈给前方记者，让他们带着网友的问题去采访两会的代表委员。

“快”是网络新闻的一个必然要求，通过前后方记者的无缝衔接与缩短内容制作审核周期，我们用“短”做到了“快”；通过前期准备的热点扫描预估，我们利用热点传播内容，实现了传播效益的“快”速增长。“公安报记者跑两会”话题超过1200多万阅读量，“两会看公安”话题阅读量也超过500万。我们摆脱了刷屏的束缚，做到及时发布且内容不重叠，并实现双向互动，赚取传播效益。

你来我往的内容融合。本次两会报道，我们的宣传不只是从报纸走向网络，也不仅仅是简单地从网络上选取素材供稿于报纸，而是用网络数据为报纸上的内容做支撑，用报纸为“你有什么需要公安代表委员呼吁的，请留言”的互动做引导，我们将报、刊、网、“两微一端”的素材融合在一起，针对不同平台进行适当地发布，并将制作发布的效果“反哺”于各个平台。对此，中国记协称赞道：人民公安报社“中央厨房”烹制的“公安私房菜”既有“颜值”又有“气质”。

（作者系中国警察网新媒体中心副主任）

涉警舆情分析师的工作和修炼

仇海琼

舆情，就是“民意”的综合反映。何为舆情分析师，就是通过舆情系统对网络信息进行采集、筛选、分析、研判，精准梳理“民意”，为决策者提供参考。简单来说，收集网民观点和态度，整理成报告，递交给决策者，就是“网络舆情分析师”。在网络上，有人将舆情分析师称为“气象员”，对舆情态势随时进行研判并预警，还有人戏称其为“网络特工”。

笔者是一名涉警舆情分析师，顾名思义，涉警舆情主要是与警察或警务活动有关的社会舆论的情况，既包括街头巷尾老百姓的议论，也包括网络上网民的舆论动向。随着科技的发展和互联网的普及，网民的力量不容小觑，网络涉警舆情已成为公安机关密切关注的重要内容。

涉警舆情分析师的工作内容和基本要求

首先从专业素养来说，涉警舆情分析师须熟悉网络舆情抽样、统计、分析工具和模型，对社会心理、网络语言文化、新闻传播、社会学等领域有长期的观察研究，是一专多能的“杂家”。舆情分析师要综合运用定性与定量、传播学实证与反思、宏观与微观相结合的基本研究思维，对网络媒介环境、社会结构压力、网民心理等要素进行探讨、分析、研究，不仅要具有丰富的舆情实操经验，还要为舆情研究贡献有价值的思想。

其次从职业特性来说，涉警舆情分析师要通过分析社会矛盾产生的深层次原因，研判涉警事件未来的发展趋势，对当前存在的浅表问题或舆情的演绎态势提出合理化建议，在一定程度上，相当于公安机关的“参谋”。不过，相比简单的信息汇集来看，舆情分析是脑力活，侧重整理、分析、研究，需要付出更多的时间、精力，不是单纯靠舆情监测软件和相关平台就可做好的。

最后从工作职责来说，涉警舆情分析师主要是从庞杂的海量网络信息中，提取有价值的内容，对其进行科学的分析和研判，为公安机关了解互联网信息、观察网络动态、处置舆论危机提供决策参考。尤其是当某一“负面”涉警事件发生后，要及时、精确地研判网络舆论的发生、发酵和可能消解的拐点，给出“最佳”解决方案。

我国正处在全面深化改革的关键时期，我国的媒体也处在信息技术革命的重要节点上，随着互联网与计算机技术不断更新换代，新媒体的媒介形态层出不穷，涉警舆情分析师的使命在于，从公正、公平的价值立场出发，推动网络舆论在政府（公安）、公众与媒介之间形成良性互动，进而在整个社会形成良性的舆论生态圈，打造一个“清朗的网络空间”。

在移动互联网时代，网络形态发展趋势复杂多变，舆论场阵地转换频仍。研究并掌握微博、微信和移动终端使用者的特点，善于总结出网络舆情变化的一般规律，才能更精准地把握舆情演绎途径，也才谈得上去应对和引导舆情。涉警舆情分析师，从舆情监测取样、分析、研判和应对等角度入手，结合舆情实战案例，可以探讨如何对网络舆情进行科学的监测与研判。

涉警舆情分析师作为独立的“第三方”，应树立“理性”“客观”“公正”的价值观。一个合格的涉警舆情分析师，在分析的时候绝不能掺杂个人情感，应真正做到站在“第三方”的角度去研判分析和解读事件。人民网舆情监测室所著的《如何应对网络舆情——网络舆情分析师手册》一书中写道，“第三方”这个身份可以让我们更方便地接触官员、专家、媒体人士、网络意见领袖、论坛版主等各个群体，这对于了解各方观点进而做出客观平衡的结论很必要。

发生涉警舆情后，应该怎么办

记得2016年年底看到过一篇文章，说的是一到年底，不论是传统媒体，还是新媒体、自媒体，都乐于用“大事盘点”来总结即将过去的一年。然而，有一类事件却盘点不完，那就是“涉警舆情”。一波未平，一波又起，这是涉警舆情“盘点不完”的原因，警察时不时就要站上舆论的风口浪尖。

公安机关作为与群众接触最密切的执法部门，无时无刻不在媒体的“显微镜”、网络的“聚光灯”下，不可否认，涉警类舆情已成为社会最为关注的领域之一。而追根寻源，要想弄清楚涉警舆情的频发原因，就必须从涉警舆情的成因入手。

经过长期的观察和总结，笔者认为，涉警舆情的成因大致分为社会、主体和客体三个方面：社会方面成因主要包括社会矛盾的冲突、群众的利益诉求、法制建设的缺失；主体方面成因主要包括民众自身素质、个体极端事件诱发、敌对势力煽动；客体方面成因主要是不当的用警、处警以及警察伦理建设的缺失。涉警舆情的产生可能是由一点或多点引发的，只有认清频发的原因，才能“对症下药”，才能“治病除根”。从以上几个方面来看，从舆情客体方面（公安机关内部）加以改变较为容易。要想从根本上减少“负面”涉警舆情的发生，一方面，要加强公安队伍建设，做到“打铁还需自身硬”；另一方面，在重构警察伦理体系方面也需要多下功夫。

近年来，涉警舆情频发，与地方公安机关对舆情事件敏感性不强，处警不规范，遇到事情先想着“捂盖子、删帖子、堵新闻”，舆情应对能力差，回应避重就轻、答非所问等原因有关。因此，要想知道在涉警舆情发生后怎么办，首先要认清涉警舆情引导中存在的问题，才好“对症下药”。

从近期发生的涉警事件来看，在日常工作、生活中，有关部门和绝大多数民警在观念上有所转变，已经开始正视舆情，引导舆情，化解舆情。我们总说，“天下武功，唯快不破”。涉警舆情中所包含的“快”，值得细细体会。随着传播速度不断加快，有关部门回应舆情的时效经历了几天—24小时—黄金四小时—第一时间（黄金一小时）的发展升级。我们认为，当遇到突发事件时，确实要及时回应，但也要讲究方式方法，把握时间节点。我们在多年的涉警舆情观察、研究中发现，“快报事实，慎报原因；实话实说，实话不全说；由简到繁，滚动推出，留有余地”的原则在处置舆情时较为成功。

各地公安机关平日与媒体要加强互动，为将来舆情引导打好基础；遇事主动设置议题，牢牢掌握涉警舆情话语的主动权，尽可能避免产生谣言和舆论误导；要整合资源，加强各部门之间的联动，建立常规预案，面对突发事件，不慌张，不躲避。与此同时，对民警们打击罪犯、维护稳定、服务群众等典型事迹和暖新闻要进一步加强宣传报道，充分展示公安民警无私奉献、亲民爱民、英勇无畏的精神面貌。此外，要加强与群众之间的互动，如体验当一天交警、走进派出所等，让群众切实感受到民警们的辛苦和不易，在日常生活中赢得信任和支持。

公安机关遇到“负面”涉警事件时，应灵活把握、运用“依法处置、舆论引导、社会面管控”的“三同步”原则，对于发生的涉警舆情事件，要坚持以事实为依据、以法律为准绳，及时调查、及时处理、及时回应社会关切，着力做好解疑释惑工作；对确实存在问题的，要依纪依法处理，切实维护人民群众合法权益；对恶意炒作、抹黑诋毁的，要旗帜鲜明、依法查处，切实维护法律尊严，维护民警正当执法权益和执法权威。突发舆情事件一旦应对得当，“负面”报道也可能变成正面宣传。

涉警舆情分析师要掌握哪些“独门秘笈”

有人把网络言论的挖掘收集、概括剖析、抽样统计、报告写作、走势预测称为舆情分析师的五大基础技能。

涉警舆情分析师有什么“秘笈”呢？笔者认为主要体现在三个方面：

第一，舆情研判，决策服务。随着经济社会发展水平的提高，人民群众期待获得更高质量的公共服务。公安机关要想让网友为自己提供的服务点赞，就需要在提供服务前掌握大量的决策支撑信息。但在海量的网络信息环境中，决策者所面临的问题不是信息匮乏，而是信息过载和信息垃圾。网络舆情作为社情民意的集中反映，是各级公安机关在实施新政时重点考量的因素。舆情信息服务贵在研判，主动发现问题，深层次地分析、研究问题，以便更好地发挥“参谋”的作用。

第二，数据整合，推动变革。近年来，公安工作持续改革，2015 年公安部提出要把宣传舆论工作作为推动公安改革的重要力量，准确、到位地宣传各项改革举措。未来，舆情大数据的整合，不仅仅是技术的变革，更是整个舆情生态系统的变化。我们要为公安机关充分整合数据资源，搭建关联领域的数据库，舆情基础数据库等，完善地方公安机关的决策流程和参考体系。

第三，战略规划，创新管理。着重掌握国内涉警舆情，有侧重地掌握国际舆论动态。在未来的工作中，我们应研究舆情信息的开发模式，这既是社交媒体时代创新舆情管理的现实需要，也是构建舆情引导新格局的必然选择。在智库阶段，舆情大数据的搜集、分析和整理，不仅是以舆情服务为主体的数据呈现，还要把舆情信息工作放在整体中去考虑，放在战略层面加以考量研判，充分发挥信息的利用程度和利用效益，通过领导者决策将舆情大数据转化为现实效能，真正体现舆情服务的价值。

舆情服务是一项跨学科、复合型产业，产品及服务涵盖了舆情监测系统及技术支持、形象修复、风险管理、舆情培训等诸多内容。现在，舆情服务在互联网时代的政治图景中日趋重要，已经不只是社情民意的简单收集归纳，也不是公共关系层面的斡旋解围，而是沿着行业分析、辅助决策、战略规划、创新管理等智库化、规范化、产业化方向发展。

总的来说，社会的需求对舆情分析师提出了更高的要求。一个优秀的舆情分析师，不仅要深入研究网络新业态和文化现象，掌握网络舆论背景和新媒体传播规律，还要做好技术整合和模式创新，了解我国互联网的政策、法律法规及网络信息安全等概念，从告诉受众“是什么”，到解答“为什么”和“怎么办”。这一认识渐进的过程，不仅是舆情服务提档升级的过程，也是舆情分析师成长的过程。

（作者系中国警察网舆情中心舆情分析师）

微信公众号营销价值与策略

王学广

据第41次《中国互联网络发展状况统计报告》显示，截至2017年12月，中国网民规模达到7.72亿人，互联网普及率为55.8%，网民中使用手机上网的比例为97.5%，以互联网为代表的数字技术正在加速与经济社会各领域的深度融合，成为促进我国消费升级、经济社会转型、构建国家竞争新优势的重要推动力。在传媒领域，各类新的媒介形态不断涌现，微博、微信、各类资讯公众号及APP已经成为传统媒体主动拥抱新媒体的"标配"。中国警察网作为公安系统行业龙头媒体，也紧跟时代步伐，在2011年前后分别开通了微博、微信和新媒体公众号，并很快发展成为政法系统明星新媒体平台。

作为公安系统的官方新闻网站，中国警察网兼具政治宣传、信息传播、企业经营"三位一体"的功能。作为党管媒体，中国警察网（下文中出现的"警网"为简称）如何平衡政治属性与经济属性，做好新媒体营销，是警网运营人员需要思考和探索的重要课题。本文结合警网微信营销实例，试图对公安行业网站微信公众号的营销价值与营销策略进行分析。

微信的营销价值分析

（一）拥有庞大的受众群体

随着智能手机的普及和移动网络资费走低，微信已经成为"国民应用”，截至2017年，微信已经拥有9.8亿月活跃用户，微信支付用户已突破8亿。同时微信用户具有年轻化、男性居多的特征。如此庞大的用户基数，使得目标人群或潜在客户覆盖面扩大。

（二）借助移动终端扩大营销时效，多种信息交流手段加深互动性

微信移动终端携带方便，以及微信天然的社交、位置等优势，使得公众号的营销价值进一步凸显。公众账号可以发送文字、图片、视频、语音等信息内容，与粉丝沟通十分便利，还可以进行一对一的深入沟通，而且微信公众号运营并不收取任何费用。对于媒体而言，微信是低流量低、成本的传播平台。

（三）能够获取更加真实的客户群体，实现精准营销

微信是人与人之间的沟通工具，具有封闭性与社交属性，因此微信的用户群体更加精准。真实的客户群体，可以给营销者创建一个直接与用户对话的渠道，可以具体深入地了解客户需求，从而建立最有效的营销渠道。因此，微信在精准定位客户群体的基础上，增大了其投放信息的接纳程度。这是微信区别于其他新媒体平台的显著特征。

微信营销价值挖掘实践

（一）基于用户需求，打造优质内容

中国警察网微信公众号“继承”了人民公安报和中国警察网的媒体内容和公信力资源，在影响力拓展方面具有先天优势。在影响力的打造过程中，内容无疑占据着基础性地位。原创新闻是媒体的核心内容资源，但并非是微信平台上最受欢迎的内容。做好微信公众号，并非简单地将报纸端、PC端的内容复制到微信上就可以实现。数据显示，用户最喜欢在微信平台上阅读的内容，主要包括实用的百科知识、养生方法、与用户自身口味相匹配的休闲娱乐信息

和熟悉的朋友发布的个人信息。警网微信公众号在内容方面，充分发挥微信开放、交互、融合的平台特性，实现了文字、图片、视频、背景音乐等信息的融合，选题也注重时政严谨性与趣味性的结合，推出了“敬言茶舍”等周播栏目，表现形式注重图文并茂，并适当使用网络语言及网络传播新手段，使传统的时政新闻更接地气。

（二）打通内外平台，做强微信公众号

除了精准的内容定位，报社内部媒体资源充分共享也是扩大微信影响力的重要手段。在报社领导的支持下，网站和报社成立了融媒体报道工作机制，抢眼新闻、重要新闻网络优先发布，鼓励记者在采访期间进行短新闻在线编辑，发布一手消息，树立中国警察网微信公众号的媒体权威度。优质信息的及时发布使警网公众号迅速聚集用户，形成影响力。

《人民公安报》的订阅用户覆盖全国公安机关，通过30余年的沉淀，已经是公安系统最具权威的平面媒体平台，尤其能覆盖公安机关中高层领导，与警网微信用户形成一定的互补关系。自中国警察网与人民公安报微信开通起，《人民公安报》正报便对这两个微信号进行积极推荐。

中国警察网官方微博开通较早，粉丝量大，而且微博开放性比微信更好，对于带动微信公众号有明显作用。媒体官方微博与微信公众号的契合点在于“长微博”。通过手机阅读长微博体验非常差，借此打出“更多详情请扫描二维码订阅公众账号”的方法可取得较好效果。

近年来，中国警察网承办的“情满万家·派出所好民警”推选宣传活动、“热血铸剑·丹心卫民”全国公安百佳刑警推选宣传活动等在《人民公安报》、官方微博等渠道发布活动消息稿时，均附上活动专题二维码或警网微信二维码。经验证，以上方法对于微信的推荐效果十分明显。

(三) 线上线下联动，促进粉丝互动

微信的社交传播属性是其区别于其他新媒体平台的典型特征，可以有效地将活动进行线上与线下的结合。在这方面，我们在中国警察网微信平台发起的投票、调查、注册邀请等活动，均收到了较好效果。另外，我们还尝试利用针对某项活动单独开通微信公众号，通过持续运营，实现线上与线下联动，利用活动提升微信营销价值。

“派出所好民警”“百佳刑警”等推选宣传活动均设置了微信投票环节。实践中，不仅候选人十分积极，所在单位高度重视，不少热心群众也自觉参与到微信投票的推广工作中。其中，“派出所好民警”推选活动微信投票持续 18 天，微信投票数为 620 万人次，远高于 PC 端的 365 万人次和报纸选票的 226 万人次。

调查问卷和注册邀请是非常便于操作的结合线上与线下的方式。一般来说，线上负责搜集信息、寻找精准目标用户，线下负责邀请用户参与活动与体验。由于中国警察网微信粉丝群体较为集中，对于相关企业而言，无疑具有极高的精准度，且微信基于熟人的关系链很容易产生链条式传播，粉丝在朋友圈分享过警网微信发布的内容后，会引起相同身份群体的点击及再次转发。中国警察网微信多次发起调查问卷和注册邀请，问卷由运营中心与合作伙伴共同进行设计，中国警察网微信端负责发布。从结果来看，警网微信端历次发布的问卷和注册邀请，所搜集的数据量均超出预期，获得了合作伙伴的认可。

(四) 品牌活动微信号，培养特定粉丝群

按照一定的关键点打造微信矩阵是微信运营的常见手段之一。在这方面，警网尝试针对网站现有的品牌活动单独开通微信公众号。“警马护跑团”是自 2017 年开始人民公安报社着力打造的品牌活动，即在原有马拉松赛事的基础上，组织公安系统内具备一定实力的马拉松爱好者参与比赛，通过有效组织警察选手参与比赛，并结合赛前安保常识、医疗救护知识等培训，让警察参赛者在参与比赛的同时，也肩负起比赛安保工作，起到对整体安保工作的辅助作用。

2017 年“警马护跑团”衡水站筹备之初，警网运营中心便积极运作，成功注册了“警马护跑”微信公号（服务号）并于当年 8 月 15 日进行了认证，8 月 28 日至 10 月 1 日共发布了 13 期资讯，内容包括马拉松跑步知识、衡水马拉松资讯、绍兴警察马拉松邀请赛报名等。该公众号的单条信息发布打开数平均值竟然高于订阅该公众号的用户数量，也证明了此类精准信息服务号的认可度。“警马护跑团”是警网首次尝试单独为某项活动开设微信公众号，未来我们将以“警马护跑团”公众号为平台，逐步拓展“警马”系列活动，推出训练营、俱乐部、装备工场等多项延伸业务，公众号将逐步尝试开展视频教学、会员俱乐部、排名等功能，并在适当时机推出周边售卖、网络广告发布、为 PC 端引流等业务。

（五）量身定做内容精准服务企业

与企业就微信传播内容开展深度合作，也是警网微信营销的重要课题。2015 年，警网与海能达通信股份有限公司展开合作，推出系列报道“我们的一天”，警网记者深入一线，前后走过北京、上海以及新疆、西藏等地，通过图片结合文字的报道，撰写了 15 篇原创文章，同时发布了中国警察网网站及微信公众号，获得了极大的关注度，合作伙伴的设备被巧妙地植入到了整体报道中，使得读者在阅读文章的同时也侧面了解了合作伙伴的产品功能，得到了海能达高层的高度认可。同时，活动锻炼了警网的记者队伍，也提升了中国警察网的品牌知名度。

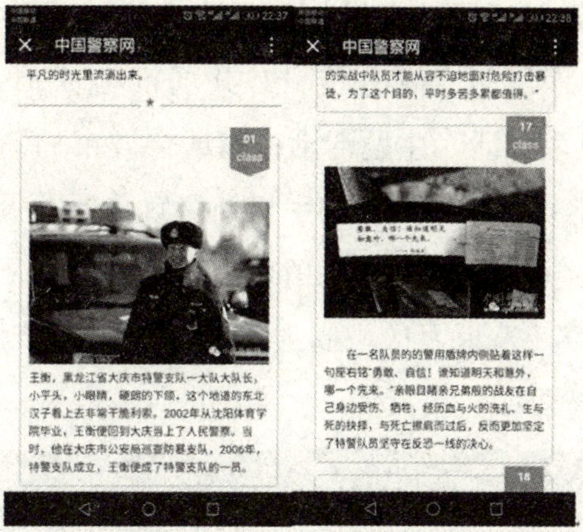

"我们的一天"系列报道截图

2016年，警网与北京明略软件系统有限公司联合推出"数据神探"周推栏目。明略数据公司是一家专注于关联关系挖掘的大数据解决方案提供商。针对其公司特点，警网决定与其开展内容营销，共同推出"数据神探"栏目，每周推出一期侦探小故事，考验网友的逻辑推理能力，以有奖竞猜的形式吸引网友互动。在企业宣传方面，在栏目专题中插入明略公司及产品介绍，在每期正文末尾加入明略公司广告。由于该栏目与明略数据产品特点契合度较高，产品曝光率及接受度得到了有效提升。

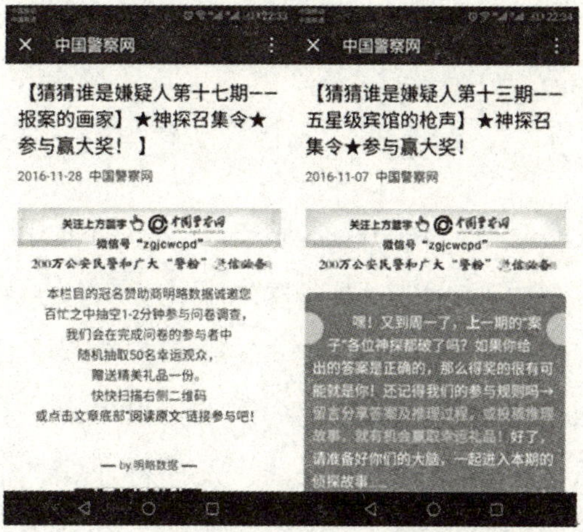

"数据神探系列"微信截图

2017年，我们通过前期策划，与华为终端部门实现了首次合作，在11月9日消防主题宣传日，共同推出“AI在心间”——“说出你要对他说的话”主题活动，邀请宁波市局消防支队共同参与，组织消防队员手持华为品牌手机拍摄宣传照并撰写相关内容发布在微信平台，并组织网友互动留言，对优秀的回复奖励华为品牌礼包。活动微信转发近万次，成为华为终端部门整体“AI在”系列宣传中颇具特色的一次宣传。

“AI在心间”活动微信截图

结语

移动互联网时代，新兴媒体形态总是不断涌现，从微博、微信到微直播，营销方式也一直在发生变化。公安类媒体应重视以微博、微信为代表的新媒体，主动融合，才能最大限度地扩大其影响力。在融合过程中，应以受众需求为出发点，在注重原创内容的同时，强化与粉丝之间的互动，发挥行业媒体的内容生产优势和丰富的行业资源优势，实现信息传播、经济效益与社会效益的有机融合。中国警察网的新媒体探索之路还很长，我们会不断尝试新的思路和方式，以实现中国警察网新媒体平台的价值最大化。

（作者系中国警察网运营中心主任）

试论移动互联网时代媒体技术平台的建设

田晓春

纵观近年来媒体行业的诸多变化，从纸媒时代到互联网时代再到移动互联网时代的到来，无论是用户阅读习惯的转变还是媒体自身转型，技术的助推作用都是不容忽视的驱动力之一。在媒体融合的大背景下，如果说存在几足鼎立的态势，那么技术必定是其中一足，而在推进新媒体转型过程中，一定要坚持采编、经营、技术与产品多条腿走路。

移动互联网发展现状及媒体发展趋势

在移动互联网时代，抢占新媒体舆论场已成为媒体融合发展的共识，当图文结合、短视频、直播、H5、动画等形式成为新媒体内容呈现方式的标配，以人民日报、新华社等为代表的传统新闻媒体客户端，以新浪、网易等为代表的门户网站客户端，以及以今日头条、一点资讯等为代表的信息聚合类客户端，分别以各自优势打响移动端用户争夺战。

据最新发布的第41次《中国互联网络发展状况统计报告》显示，截至2017年12月，中国手机网民规模达7.53亿，其中网络新闻用户规模6.47亿，手机网络新闻用户规模达6.2亿，占手机网民的82.3%。

在手机网民用户持续增长的过程中，移动互联网的主导地位进一步强化。传统媒体加速融合力度，尽显主流媒体采编优势；门户网站从互联网向移动互联网转型迁移；在移动互联网环境中迅速成长，发挥技术优势的信息聚合类推荐引擎产品都在加大变革力度与扩张用户版图。

当移动互联网成为中国舆论场的重要阵地，由传统媒体主导的金字塔式的传播格局不断演化，变革为碎片化、扁平化的新格局。在新的传播环境下，传统媒体发展以“移动优先”为战略是必然选择，同时要构建起“报—刊—网—端”的立体化传播新格局。

传统媒体“移动优先”的顶层战略：聚焦内容与服务

传统媒体移动互联网发展战略要以移动互联网思维为出发点，以用户为中心，形成“新闻+服务+社交+N”的联动机制，转变内容生产方式，将报社优质资源与用户个性化需求相融合，打造权威的移动信息发布平台。

为实现内容与服务的高度融合，新闻产品可以由“发布”与“服务”两部分组成。其中“发布”由权威信源的自媒体平台组成，通过建立权威信源的自媒体平台，打造新媒体矩阵。

“服务”部分可以由报、网、端深度融合发展，由技术团队积极赋能，通过LBS定位技术以及大数据技术提升用户服务能力和传播效果考核分析能力，实现媒体的联动融合发展。通过对用户兴趣偏好、地域特征等数据的精准分析，分发服务内容至用户手机。在重要报道中，可以通过资深编辑推荐与大数据智能推荐相结合的方式，抢先向用户推荐权威发布信息，及时迅速传递正确信息，扩大传播力度。

遵从移动优先发展策略，就是将权威信息发布与服务作为顶层战略方向，采用移动互联网式的内容分发方式，通过大数据分析与算法精准定位推荐用户群体，一方面丰富移动端主流媒体的新闻舆论发声内容，另一方面扩大媒体的权威性优势，拓展服务功能，增加用户黏性。

传统媒体的移动技术团队建设

对于移动互联网的探索，传统媒体如何在碎片化的互联网环境中保持传统媒体的权威性，传播主流价值观，实现与用户的深度连接是我们面临的重要课题。对于整个移动端产品的生产链来说，技术部门在贯穿整个产品生产链的过程中，要将技术思维与业务逻辑思维紧密结合来推动创新采编业务，同时通过技术手段在移动端实现产品与用户之间的深度融合。

如何打造一支具有互联网思维和业务逻辑思维的研发团队，是每个传统媒体在向新媒体转型过程中无法避开的问题。

要解决这个问题，一方面要用“技术思维+业务逻辑思维”打造核心团队，也要用“技术创新+开放合作”实现力量扩容。面对有限的研发团队，团队建设要始终紧扣业务逻辑与新技术研发结合的思路，在有限条件内“多条腿”走路，逐渐形成自己的特色。

首先，技术团队既是整个业务链中最下游的执行部门，同时也是最前端的技术创新与引领部门。作为产品、服务等需求的实现部门，由于整个生产链的不足因素容易在最下游集中呈现，所以技术必须负责对产品进行最后把关，而要做到这一点，技术不仅要跟进整个生产环节，还要熟悉上游业务。同时作为最前端的技术团队有责任了解业界新技术动向，并将新技术应用结合到业务场景中，以创新技术推动业务发展。

其次，面对核心团队小而业务需求多的挑战，在技术团队建设上，要很好地把握创新与借力的关系，既进行自主研发，实现灵活可控，推动创新，又要充分借助外界成熟的产品、服务与人才，在移动互联网的环境下，“站在巨人的肩膀上”谋求发展，以节约人力、时间成本。在技术实现的具体操作上可以按照以下原则：面对成熟的底层基础技术，可以对外合作，购买其服务的方式；对影响业务逻辑的技术，可以自主研发，或在对外合作中获取源代码；可以积极申报科技项目，在原有媒体属性基础上增加科技属性，增强技术实力。

在团队建设上除了过硬的技术能力，整个团队还要注重培养一批爱钻研、敢担当、有热情的年轻人。这些有激情的年轻人也将在未来成为集团融合转型的生力军。

传统媒体的技术部门普遍在新技术研发与用户需求引导方面相对薄弱，尤其缺乏综合能力强的技术人才。所以在未来的团队建设中，一方面要通过多种途径进一步提升新技术引入能力，加大新技术对业务的引导，另一方面要进一步创新激励机制，引进和留住高端技术人才，同时对研发人员实现更精细化的管理，进一步充分挖掘研发人员的潜能。

以用户为导向探索移动技术新应用

从近些年的媒体融合来看，无论是传统媒体的“中央厨房”建设，还是互联网公司的新媒体实验室，新技术应用在对接新闻业务的过程中发挥着举足轻重的作用。

现在流行的 VR、H5、短视频等多种表现形式，本质上是适应移动互联网时代的场景化应用、满足用户需求的手段。面对媒体融合与新闻业务的转型，传统媒体的采、编、发流程再造是一个成长的过程，作为技术引领和支持部门，核心技术团队要紧跟上游业务需求，把有限的资源应用在解决关键问题上。

以“今日头条”为代表的智能推荐算法与用户画像的精准分析，已成为各媒体为争夺移动互联网用户纷纷试水的内容分发方式之一。但机器算法、智能推荐所带来的“信息孤岛”，也成为近年来媒体行业所关注的重要议题。移动优先的发展战略，最终落脚点还在于优质内容本身。要解决“信息孤岛”现象，可以通过“技术 + 编辑”的方式进行智能推荐，在推荐算法上则采用多种算法驱动的方式，通过用户画像、用户行为、新闻内容等多个维度的相似性进行匹配度和关联性推荐。在效果评价上，可以用大数据技术进行验证和优化，通过对比不同算法在提高用户访问时长、阅读数量等方面的价值进行优化选择。

未来，随着大数据技术的全局成熟应用，媒体将全面采用以数据说话的方式指导内容采编、产品设计、技术优化、运营推广，以客观量化指标代替主观人为判断。

推动媒体融合发展，提升主流媒体在新媒体舆论场的影响力是当前媒体融合发展进程中的重要议题，新闻生产将与大数据技术、人工智能技术结合，全面提升智能化水平。同时，未来的媒体将从产品演变为平台，整合资源，全面加速扩大传统媒体在新媒体舆论场上的影响力。

（作者系人民公安报社信息技术部副主任）

深入调研为网站发展汲取智慧

——回忆中国警察网成立前后的那些调研考察

杨文锁

人民公安报社的老同志都知道，报社是于2009年11月1日正式搬到丰台区右安路9号办公的。搬到新址后，报社的办公条件得到极大改善。与此同时，发展中国警察网，抢占互联网公安宣传阵地，也提上了报社党委的重要议事日程。

中国警察网域名cpd. com. cn是1998年9月14日注册的（下文中出现的“警网”为简称）。最初是由报社照排中心的同志用frontpage软件，每次做三五条新闻不定期发布。1999年年底，报社党委决定成立电子版编辑与资料管理部，由我牵头，专门负责网站的新闻发布工作。但由于用软件手工一页一页地制作，每天仅能制作数条新闻发布。2000年到2009年，从frontpage软件手工制作到全自动的cms网站内容管理系统应用，其间中国警察网虽然经过几次改版，但一直是作为人民公安报电子版在互联网上存在的。虽然简单，但人民公安报在林立的互联网站中始终占有一席之地。

面对报社党委对中国警察网做大做强的新希望、新要求，在媒介环境风云变幻、竞争日新月异之际，中国警察网如何才能不辜负主流媒体的责任重托，更好地完成传播公安部党委声音、弘扬警察队伍先进文化、反映基层民警心声等政治使命和社会责任？如何提升品牌形象，突破发展困境？如何更好地为公安工作服务，实现社会效益和经济效益的双丰收？我和当时的网络部的同志们一致认为，好新闻、好作品、好文章都是记者深入采访写出来的，办新闻网站也必须发扬我党调查研究的优良作风——走出去，向先进的同行学习，用深入实际的广泛调研，为建立中国警方最权威的门户网站提供理论支撑，为报社党委提供科学的决策依据。

在此背景下，我和网络部的同仁利用大半年的时间，在当时分管网络部业务工作的陈雪峰编委带领下，先后分批次到人民网、浙江在线、中经网、中国网络电视台、新浪网、第一视频网、优米网、正义网、中国法院网等重点新闻网站、商业门户网站及政法系统网站学习、调研、考察。其中，因学习、调研、考察的内容不同，目的各有侧重，人民网和新浪网是先后分两次进行的。

第一次考察人民网

在每次学习、调研、考察开展之前，我们都针对调研对象列出调研题目，做到有的放矢。在学习、调研、考察的过程中，参加的不同部门（当时是按小组划分）的同志，都会按照自己感兴趣的问题进行询问，有新闻采编、技术开发、舆情引导、演播室建设、访谈节目制作、赢利模式等主要业务工作，也包括对方的办公环境、企业文化建设等方面。现在回忆起来，我们重点调研的问题主要包括以下几个方面：一是网站的组织架构和管理模式，二是网站的内容建设及运行机制，三是网站的绩效考核情况，四是编辑工作和技术运维的关系，五是网站的经营情况和赢利模式。

在新浪微博调研

调研活动受到各兄弟网站的热情接待，每到一处，他们都会针对我们的具体问题，请相关部门的负责人详细解释、解答、交流。特别是在人民网，我们还受到当时人民网总裁何加正的接见。在介绍人民网的发展时，何加正介绍说，人民网发展到今天的规模归根结底是两个方面的原因：一方面，人民网是在中央领导的直接关心、各部委相关部门的重视支持下逐渐发展起来的。另一方面，人民网自身也非常努力。多年来，从上到下，班子稳定，中层工作努力，逐渐培养起一支适应人民网特点的队伍。人民网“权威性、大众化、公信力”的办网宗旨已经被员工广泛接受。听取先进同行的成功经验，加上权威人士的专业介绍，我们的调研受益匪浅。

学习、调研、考察期间，参加的同志们边参观，边学习，边座谈，边记录。在与对方人员交流座谈时，更是不耻下问，把每一次学习、调研、考察都当作自己开阔视野、学习提高的机会。报社原网络部员工和警网2010年招聘的员工，几乎全都参加了调研活动，先后达30多人次。

我认为，这次为期半年的学习、调研、考察活动共收获了以下几个方面的成果。

一是产生了系列高质量调研报告。其中主要有《重点新闻网站发展的基本情况》（杨文锁编辑），《人民日报考察报告》（王彬执笔），《检查日报社正义网考察报告》（李霞执笔），《人民法院报社中国法院网考察报告》（安玲执笔），《浙江在线考察报告》（田晓春执笔），《网易、TOM 网站机构设置及管理考核情况调研报告》（杨文锁执笔）《千龙网股权结构及近年收支状况》（杨文锁编辑），《第一视频访谈室考察报告》（冯志江执笔），《新浪网访谈室考察报告》（陈显君执笔），《优米网演播室考察报告》（姚鹏执笔），《中国网络电视台考察报告》（李召阳执笔）。这一系列报告，有对互联网新闻网站发展趋势的宏观描述，有针对某一家网站建设历程的具体分析，有相关网站的内容建设情况，也有相关网站的盈利模式评估。更为可贵的是，每一篇调研报告都对中国警察网今后的发展提出了建设性建议。这些都为以后中国警察网的建设奠定了坚实的基础。

二是产生了《中国警察网开展市场化运营的可行性研究报告》。由安玲执笔的这 18 页 8000 多字的报告，从研究背景到建立公安系统门户新闻网站的重要性、必要性、可行性，以及网站的阶段性发展规划，网站人员配置及招聘计划，办公场所、技术设备及软件配置，投资估算及盈利途径分析等进行了全面的研究和评估，提出了切实可行的建议，为报社党委规划、建设、发展中国警察网提供了清晰的决策依据。也可以说，报社党委通过的这份报告就是报社党委对中国警察网未来发展的顶层设计。几年来，警网公司的董事长、法人几经变更，但一张蓝图绘到底，这份蓝图的总体思路没变，它确保了警网按照既定方向，有章可循，稳步向前发展。

三是形成了《中国警察网采编技术规范》和警网传媒（北京）有限责任公司员工指南（试行）。作为公司内部试行材料，这个技术规范是我根据上述网站学习、调研、考察情况，结合中国警察网的实际情况，参考当时的“人民网采编技术规范”，综合人民公安报社采编工作规范，以及中宣部、公安部、原新闻出版署、中国记协等部门的相关文件编辑而成的。

《中国警察网采编技术规范》共100页90多万字，由“有关政策”“采编规范”“音视频工作规范”“互动管理规范”“技术规范”“附件”六大部分的36项规范、规定、办法、制度等组成，内容几乎集纳了当时新闻网站建设的方方面面。

警网传媒（北京）有限责任公司员工指南（试行）也是我们在上述学习、调研、考察过程中对兄弟单位的机制体制、机构设置、管理模式、企业文化等情况进行综合归纳后形成的，内容包括行政管理、信息管理、财务管理、人力资源、员工操守等七项30个方面的内容。

《中国警察网采编技术规范》和警网传媒（北京）有限责任公司员工指南（试行）像两部法典，指导着中国警察网的各项业务工作。新员工入职，都会领到这两本册子，无论是哪个岗位，对照学习后，都能够很快入门上路适应工作。七年过去了，网媒已经发生了很大变化，但媒体的基本属性是万变不离其宗的，这两本册子至今仍发挥着积极作用。

学习、调研、考察工作还有一些意想不到的效果，比如警网办公楼装修期间，在演播室施工建设时，我及时提出建议，将设计图纸及时进行了微调，将原来的导播间调整到了现在的位置，在有限的空间里，又给演播室增加了一个绿箱空间，增加了演播室的功能。如果当初没有对新浪网、第一视频网、优米网、中国网络电视台、中经网演播室的实地考察，我哪有这样的随机应变。

学习、调研、考察开阔了我们的视野，让我们看到了网站的发展前景，也坚定了办好中国警察网的信心。如今，网媒像纸媒一样都成为传统媒体，新媒体发展势头凶猛，媒体融合势不可挡，中国警察网乃至人民公安报的发展都面临着前所未有的挑战。人民日报人民网，新华社新华网以及一些地方性党媒都在积极探索新时代媒体融合新路径，并且取得了一些成就。为了今后的发展少走弯路错路，真心希望报社和警网的同仁能够走出去，和先进同行学习、交流、沟通，共享各自媒介平台的发展经验，在融媒体发展的道路上留下坚实的脚印。

（作者系中国警察网副总经理）

涉警舆情管理应融合新时代政府公共关系策略

唐　钧　龚琬岚

【摘　要】涉警舆情管理应贯彻落实习近平新时代中国特色社会主义思想，紧扣新时代新使命，适应新矛盾新要求，主动融合政府公共关系，转变思路，优化方法，拓展渠道，提升效能。传播力让警务信息“入眼入耳”，引导力让警务理念“入脑入心”，影响力不断创造涉警正能量并将其转化为全民好榜样，公信力构建“执法为民”的基础并促成“共建共治共享”新格局。四者相互促进，形成良性循环。

【关键词】涉警舆情　公共关系

涉警舆情管理是指针对涉及警察的新闻报道、网络传播、社会舆论等相关内容进行风险识别和评估，并通过正面宣传、公共关系运维来优化警察形象、提高社会好感度、提升涉警舆情正能量、最终优化警民关系的全面、全程管理。涉警舆情管理应融合新时代的政府公共关系策略，也即在习近平新时代中国特色社会主义思想的指导下，坚持以人民为中心，尊重新闻传播规律，创新工作方法手段，全面优化和持续升级涉警舆情管理工作，切实提高涉警新闻舆论的传播力、引导力、影响力、公信力。

一、警务宣传应提升传播力，便捷获取以“入眼入耳”

新媒体环境下，传播力不只是宣传信息数量的问题，更是集合数量、质量、速度、形式、渠道等多维度因素的综合能力，本质上是让群众能够更便捷地获取警务信息，达到“入眼入耳”的效果。对此，涉警舆情管理应融合新时代的政府公共关系，采取“迎合策略”，变“官本位”为“受众本位”，针对新媒体环境和受众特征，做好做实受众细分和精准传播，并坚持“导向”原则，以正面宣传为主。

（一）针对新媒体的技术和特点，提升警务宣传的数量和速度

警务宣传面临新媒体技术日益发达、平台逐渐增多、自媒体不断发展的趋势，也面临信息传播源头多、传播快、易获取、受众广等多重趋势。鉴于此，警务宣传应重视数量和速度，不断“增量提速”，以提升传播能力。

警务新媒体和警员自媒体的联合，已逐步形成覆盖多个社交媒体、多种新媒体渠道的信息传播，同时动态运营、实时发声，是提升传播数量和速度的有益举措。一方面，中国警察网联合各地公安机关发起成立并不断发展壮大的“公安政务微信微博协作联盟”，交警、特警、刑警、治安、消防、禁毒等多警种参与，微博、微信等全方位新媒体覆盖，使涉警信息发布的受众面足够广、信息量足够大，在涉警舆情出现后让群众能第一时间听到官方声音，凸显警务新媒体的权威性和传播力。另一方面，多个由警员利用业余时间运营的微信、微博自媒体，志愿从事警务宣教和舆情处置工作，作为相对成熟、带有职业特性的自媒体，在涉警舆情事件出现后及时向群众公布实情、传递信息、辟除谣言、化解误会，进一步提升警务宣传的传播力。

（二）采取“迎合策略”，促进警务信息传播的分众化和精准化

随着互联网的普及、网络媒介的发达和网络社群的发展，受众

的分众化和差异化特征也在不断凸显，不同受众可以根据偏好和需要相对自由地选择信息内容并开展与媒体的积极互动。鉴于此，涉警舆情管理应采取政府公共关系的“迎合策略”，强化用户意识和内容意识，做好受众细分和内容创造，以“适应分众化、差异化传播趋势”，促进警务信息的分众传播和精准传播。

警务宣传工作应强化用户意识，做好受众细分，提升传播服务力。2016 年 2 月 19 日，习近平总书记在党的新闻舆论工作座谈会上强调，要研究把握现代新闻传播规律和新兴媒体发展规律，强化互联网思维。互联网思维的核心是用户意识，对此，涉警信息发布要变“读者”为“用户”，想用户之所想，急用户之所急。在内容上，要注意研究用户特点，实行精准推送；在服务上，要注意研究用户需求，积极提供人民群众需要、喜爱的功能和服务，努力打造可读、可信、可用的警务媒体。

警务宣传工作应强化内容意识，做好内容创造，提升内容传播力。互联网时代，优质内容和专业信息依然是稀缺资源，是宣传和公关不可替代的核心竞争力。涉警信息发布应强化内容意识，增强优质内容的创造能力，在重大问题或关键节点上勇于发声且善于发声，科学地设置议题和挖掘层次，让官方权威、真实可信的声音成为主流，谣言和小道消息难有空间。

（三）结合警务信息特征，“迎合策略”应坚持“导向”原则

警务信息发布作为党和政府新闻舆论工作的重要组成部分，须遵循“团结稳定鼓劲、正面宣传为主”的基本方针；基于此，警务信息传播的“迎合策略”应以“导向”原则为前提，坚持正确舆论导向，以正面宣传为主，增强吸引力和感染力，结合警务信息特征有选择性地采取“迎合策略”和开展分众化传播。

“导向”原则在具体操作中应包含三大要点：一是从宏观布局到操作细节都要讲“导向”，做好“政策主张的传播者、时代风云的记录者、社会进步的推动者、公平正义的守望者”；二是要根据

事实来描述事实，即准确报道个别事实，从宏观上把握和反映事件或事物的全貌；三是要直面工作中存在的问题，直面社会丑恶现象，激浊扬清，针砭时弊，同时发表批评性报道要事实准确、分析客观。

二、警务宣教应升级引导力，“入脑入心”并激发行动

传播力要求“入眼入耳”，引导力在此基础上侧重于“入脑入心”和“行动反馈”，让群众有认可度、获得感、行动力。对此，涉警舆情管理应融入政府公共关系的理念和做法，采取“动员策略”，在换位思考的基础上，通过科学说理和风险沟通，引导群众遵纪守法、配合执法。

（一）尝试换位思考，警务宣教应遵循“趋利避害”特性

警务宣传教育的目标是通过宣传法律必要性、必需性、强制性等来引导守法、规避犯罪，但实际操作中易出现宣传受众“获得感”低从而“接受度”低、“落实度”低的问题，导致宣传教育的成效不佳。

鉴于此，新媒体环境中的警务宣传和普法教育应开拓多元化和发散性思维，可尝试用换位思考的思路，从宣传受众的角度想问题、出方案，遵循其“趋利避害”的心理特性，开展基于利益相关的宣传引导，从“遵纪守法能够减少事故、规避损失”“个人遵守法律、保障全家利益”等角度切入，达到“入脑入心”进而激发行动的引导效果。

（二）采用科学说理手段，让警务宣教“入脑入心”

警务宣传部门在应用法律威慑性、遵循“趋利避害”特性来引导遵纪守法的基础上，还可以通过讲道理、摆事实的说理手段，提高警务公关的引导成效。

警务公关可采取“讲道理”的说理方法，宣传动员、耐心说

理，消除群众对执法的质疑和误解。在执法过程中耐心讲道理，既是对当事人知法、知情、知理权的充分尊重和保障，也能发挥沟通、说服和劝慰的作用，消除群众对执法工作的质疑和误解，引导群众主动配合执法工作。

警务公关可采取“摆事实”的说理方法，眼见为实，让事实说话。公关传统的语言说教方式易产生“思维疲劳”，“眼见为实”有助于改善该情况，如公安部交管部门制作《全国道路交通事故典型案例警示录》，通过将真实发生的交通安全事故典型实例汇编成册，作为交通安全教育的重要工具。

（三）应用风险沟通技巧，使警务宣传激发行动

警务宣传部门在宣传教育的过程中，应以科学的风险沟通，达成最大的共识。风险沟通的常见方法包括“喜闻乐见”法、“身临其境”法、“以情感人”法等，把道理讲到群众心里，让其自愿自发地行动。

一是“喜闻乐见”法，宣传教育应选用群众喜闻乐见的方式方法，能够接地气，适度蹭热点，让群众乐于接受。例如，江苏常州某公安分局从群众的喜好和需求角度出发，结合身边的警情、案例，创作出具有教育功能和启示意义的幽默网剧《民警李某某》，被评价为“认真地搞笑、负责地宣传”，受到网民好评的同时，起到寓教于乐、安全教育的引导作用。

二是“身临其境”法，宣传教育应采取让群众能够参与其中、有切身体会、进而产生实际行动的风险沟通方式，将社会问题个人化、个人问题内部化，达到有效沟通的效果。以新加坡裕廊警署通过“假装诱骗”方式来教育客工防范诈骗为例，裕廊警署与武吉巴督宿舍大楼合作，警察通过角色扮演，冒充移民局官员“骗”客工汇款，让他们对这类诈骗手法提高警惕。不少外籍劳工因此切实提升了自我安全意识、风险意识和防骗意识。

三是“以情感人”法，宣传教育应解民之忧、以情感人，从而

引导群众对执法的支持和配合。警察在执法过程中，应积极疏导和化解可能导致执法冲突的问题，重视和科学对待当事人因个人困难而出现的客观问题，通过解决其困难、维护其权益，从感情上争取群众对执法工作的支持、认可和配合。

三、警务公关应提高影响力，将涉警正能量转化为全民好榜样

新环境下，影响力不仅包括政法系统的内部影响力，更包括全社会层面的外部影响力。对此，涉警舆情管理需转变为政府公共关系的思路，警务公关应重视警察形象的品牌建设，构建多层次、立体化的好形象，形成“示范效应”，在此基础上，把警察树立为具备优秀品质的全民好榜样，进而构建良好的政府形象、城市形象乃至国家形象，实现影响力由内而外的拓展和延伸。

（一）塑造多维度、多层次的警察好形象，形成“示范效应”

警察作为维护国家利益和人民安全的重要力量，结合其职责要求，应建立健全五种形象品牌，形成良好的“示范效应”。

第一种是“人民安全保卫者”的形象品牌，严厉打击、严密防范各类违法犯罪活动，保护群众安全、规避人财损失，让群众的安全感、获得感、满意度得到提升。

第二种是“国家利益捍卫者”的形象品牌，坚持“总体国家安全观”，走中国特色国家安全道路，为确保政治安全、国土安全、军事安全、经济安全、文化安全、社会安全、科技安全、信息安全、生态安全、资源安全、核安全等于一体的国家安全而奋进努力。

第三种是“为人民服务公仆”的形象品牌，通过“前台服务+后台管理”，立足执法，为群众的衣、食、住、行、生、老、病、死等提相关服务。要规避“不作为”及可能导致的“执法疲软”“执法无力”形象；也要防范“乱作为”及可能引发的“程序违法”“僭

越法律”等质疑。

第四种是“法律权威树立者”的形象品牌，营造公正的法治环境，促进维护社会公平正义。既要强化规范执法，规避警察执法方式失当或违法违规违纪等风险，提升自身对法律的敬畏感；也要维护执法权威，严惩袭警辱警行为，防范警察“被暴力”“受委屈”等问题，提高群众对法律的敬畏感。

第五种是“社会诚信示范者”的形象品牌，警察应以身作则，做到诚信执法、诚信公关。既要“执法不造假”，规避执法不公开、不透明等问题，也要“公关不说谎”，杜绝“公关造假”等问题。

（二）树立有品行、获认同的全民好榜样，升级涉警正能量

在塑造警察好形象的基础上，警务公关应将警察进一步树立为有品行、获认同的全民好榜样，建立健全忠于职守、乐于服务、锲而不舍、无私奉献的四种榜样品质，提升涉警正能量的立体层次和“示范效应”的社会效果。

第一种是忠于职守的榜样品质。警察肩负打击敌人、保护人民、惩治犯罪、服务群众、维护国家安全和社会稳定的重要使命。鉴于此，警察应坚定理想信念，有强烈的职业自豪感和使命感，对党忠诚，热爱祖国，热爱人民，在工作中爱岗敬业、履职尽责、求真务实。

第二种是乐于服务的榜样品质。警察践行“立警为公、执法为民”的理念，“把群众的呼声作为第一信号，把群众的需要作为第一选择，把群众的利益作为第一考虑，把群众的安危作为第一警务，把群众的满意作为第一标准”，树立“群众利益无小事”的观念，为群众排忧解难。

第三种是锲而不舍的榜样品质。警察有不怕千辛万苦，克服千难万险，永不放弃、奋发努力的坚定决心和顽强毅力。侦查办案时办案民警直面危险，不畏艰苦，勘察现场、调取证据、追捕逃犯等都需要永不言弃、锲而不舍的精神力量；服务群众时窗口民警热情

接待群众，耐心答复群众，“宁为群众麻烦百次，不让群众心烦一次”，也需要持之以恒、锲而不舍的精神力量。

第四种是无私奉献的榜样品质。警察经常处于艰难困苦的环境中，随时经受生死的考验，这要求他们具有勇于献身的精神，面对犯罪分子勇于祛恶镇邪，面对灾害事故无畏救灾抢险，面对艰难险阻不退缩、勇往直前。

（三）提炼有高度、有深度的涉警影响力，打造“国家品牌”

在塑造警察好形象、树立全民好榜样、传播涉警正能量的同时，还应认识到警察是政府形象、城市形象的重要代表，是国家形象和国际影响力的重要基石。鉴于此，警务公关应从更高站位和更深立意，提炼涉警影响力，将警察形象打造为“国家品牌”，以警察形象全面带动政府形象、城市形象、国家形象的优化。

中国警察既保卫本国安全稳定，又积极参与全球安全治理，展现出“维护世界稳定”的正能量，已逐步成为有亮点、获认同的“国家品牌”。一方面，中国警察对实现本国安全稳定发挥重要作用，社会安定有序，人民安居乐业，越来越多的人认为中国是世界上最安全的国家之一，这是对世界安全稳定作出的贡献；另一方面，中国警察认真履行国家责任，遵守国际规则，履行国际义务，积极参与并倡导国际执法合作和全球安全治理，有效促进国际秩序稳定和社会安宁。

四、警民关系应夯实公信力，达成“共建共治共享”新格局

新媒体时代，公信力的实质是群众对警察执法行为的信任、对警察执法方式的认可、对警察执法成效的满意，以及在此基础上所拥有的获得感、幸福感、安全感。对此，涉警舆情管理需与新时代的政府公共关系相结合，坚持以人民为中心，“把人民拥护不拥护、赞成不赞成、高兴不高兴、答应不答应作为衡量一切工作得失的根

本标准”，构建“执法为民”的执法基石，在此基础上提高群众工作的方式方法，促成“共建共治共享”的社会治理新格局。

（一）“以民为本”，规避伤害警民关系的“执法高危风险”

警方公信力受损的主要原因是“执法高危风险”，即因事前防范不足或事后控制不当导致危机爆发，伤害警民关系。鉴于此，夯实警察执法公信力的首要工作是坚持“以民为本”，规避触犯法律法规、违背社会道德、伤害警民关系的“执法高危风险”。

事前重视警察执法和公关的风险评估、隐患排查、问题整改，针对警察执法方式不规范、警察执法结果不佳、涉警服务不到位、个别警察违法违规违纪等有损公信的高危风险，做好相应的整改工作，严防责任事故和负面影响，从根源上规避“执法高危风险”，保障公信。

事后理性分责、科学担责，控制或阻止警方发声迟滞致造谣传谣、“官本位”通报、官方信息造假等问题，并通过“责任模型”来控制风险、维护公信力。具体建议：在无责任情况下采取“速战速决模式”，迅速展开调查，尽快定性定责，及时辟谣并广而告之；在完全责任情况下采取“以退为进模式”，主动表态并承认错误，积极作为来遏制事态发展，整改制度以争取规避同类危机；在部分责任情况下采取“社会协商模式”，获得第三方的权威解释和专业论证。

（二）“为民执法”，营造“人民警察爱人民”的执法氛围

警务公信力的塑造和巩固，关键在执法能够得民心。对此，应坚持“为民执法”的原则和“人民满意”的宗旨，为人民办实事、办好事，使群众真正受益于警察执法工作。

第一，坚持“人民满意”的宗旨。履行好维护国家政治安全、确保社会大局稳定、促进社会公平正义、保障人民安居乐业的主要任务，努力创造安全的政治环境、稳定的社会环境、公正的法治环境、优质的服务环境，增强人民群众获得感、幸福感、安全感。

第二，以人民群众的需求为导向。从与群众平安幸福有关的小事着手，群众最关心和最需要什么，就从什么地方做起和改起。通过收集意见、排查问题、化解纠纷、解决困难等工作方式，巩固警民鱼水之情。例如，某市公安局在全市范围内开展“亮身份、当楼长、保平安、护稳定”专项活动，全市民警在现住地小区（平房区、村）推广楼长负责制，每名民警于休息时间到群众家中宣讲党的十九大精神，协助社区民警开展楼里实有人口信息登记、消防隐患排查与处理、邪教吸毒传销等人员排查管理、矛盾纠纷排查与化解等社区治安管理工作，为群众创造平安稳定的居住环境，切实拉近警察与群众的距离，提升群众对警察的好感度。

第三，深化“执法 + 服务 + 治理”的职能转变和机构改革，由内而外改善形象、提升公信力。警务人员与人民群众直接打交道，形象面临“窗口效应”，即执法行为直接决定警队形象的好坏；而执法行为由内部职能和管理机构决定，科学的职能设计和机构设置是规范执法行为、改善执法形象、强化社会认同度的根本策略。在通过执法来“直接打击违法分子、间接服务守法公民”的基础上，公安部门可尝试通过“执法 + 服务 + 治理”的三位一体模式，通过合法合理的职能转变和机构改革，让执法工作、公共服务、社会治理三者有机结合又互为补充，根治社会问题，获取人民群众的长效满意，营造“人民警察爱人民”的执法氛围。

（三）“与民共建”，促进警民“共建共治共享”的新格局

群众信任和认可的前提是认知和理解，因此警务工作应落实“以人民为主体”的社会治理观，指引和推动群众在能力范围内有序参与到维护安全、稳定、秩序的社会治理中，“与民共建”安全稳定的社会，促成警民“共建共治共享”新格局。在这一过程中，群众能够充分认识和了解警察工作的重要、艰难和有益之处，进而提升对警察的信任和认可，进一步夯实公信力。

美国国土安全部提出“在保卫国家方面，最好的安全策略是发

动并依靠美国公众的力量，并将其视为关键合作者”的战略方针，美国反恐信息收集和防恐秩序建设，充分动员热心肠、有担当的群众，形成全民“参与、监督、举报、防范”的良好社会格局。2009年美国国土安全部在全国范围内发起了“若看到，要举报”运动（If You See Something, Say Something），洛杉矶警察局推出了“我看护、我举报、我保障我们的安全”（I Watch，I Report，I Keep Us Safe）的活动，发动公众积极参与反恐防恐工作，监督和举报疑似恐怖分子及可疑现象。

我国通过群防群治模式和志愿者队伍，达成“与民共建”安全稳定社会的良好模式。例如，通过落实举报奖励制度，对于提供重大线索、帮助破获重大案件或者有效制止违法犯罪活动、协助抓获犯罪分子的，给予重奖。再如，北京建立起以社区治安志愿者队伍为主要载体的“人防网”，形成“朝阳群众”“西城大妈”“海淀网友”“丰台劝导队”等志愿者队伍，配合公安机关发现和掌握违法犯罪的新线索和新动态。

（作者唐钧系中国人民大学危机管理研究中心主任，龚琬岚系中国人民大学危机管理研究中心风险管理部部长）

移动互联网时代
涉警舆情引导的挑战与展望

刘海中

我国信息化高速发展，人工智能技术应用不断取得新突破，网络基础建设进一步提速，4G 网络、高速宽带覆盖率和使用率快速提升，新型传播方式不断涌现，政府的施政环境和社会治理发生了深刻变化，警务执法也面临前所未有的围观和深切关注。经过长期探索和实践，各级公安机关围绕“民意导向，服务为先，全警公关，合作双赢”的理念开展警察公共关系建设，全警信息化时代的公关意识进一步增强，警务公共沟通渠道进一步畅通，和谐警民关系建设出现不少亮点，有力推进了公安工作的发展。

一、从战略高度认识网络信息平台建设的重要性

2016 年是我国信息化及相关领域规划陆续出台的一年，在国家政策的指引下，信息化步入快速发展、深化应用的战略机遇期，截至2016 年 9 月，4G 用户数 6.86 亿，占移动电话用户总数的 52.1%。中共中央办公厅、国务院办公厅印发的《国家信息化发展战略纲要》，明确了提升能力、提高水平、完善环境方面的 56 项重点任务，对未来十年我国信息化发展做出战略部署。

中央最高领导多次在各种场合强调网络阵地建设的重要性。2016 年 2 月 19 日，习近平总书记到中央新闻单位调研并召开党的新闻舆论工作座谈会，强调做好党的新闻舆论工作，营造良好舆论

环境，是治国理政、定国安邦的大事，提出了新时代条件下党的新闻舆论工作48字职责使命。早在2013年8月19日，习近平总书记出席全国宣传思想工作会议并发表重要讲话时指出，“宣传思想工作一定要把围绕中心、服务大局作为基本职责，胸怀大局、把握大势、着眼大事，找准工作切入点和着力点，做到因势而谋、应势而动、顺势而为”，“重点要抓好理念创新、手段创新、基层工作创新，把创新的重心放在基层一线”，并强调“经济建设是党的中心工作，意识形态工作是党的一项极端重要的工作”。

2016年4月19日，习近平总书记进一步强调，“网民来自老百姓，老百姓上了网，民意也就上了网。群众在哪儿，我们的领导干部就要到哪儿去。各级党政机关和领导干部要学会通过网络走群众路线，经常上网看看，了解群众所思所愿，收集好想法好建议，积极回应网民关切、解疑释惑”。2016年10月，习近平总书记在主持中共中央政治局实施网络强国战略第三十六次集体学习时再次强调，“随着互联网特别是移动互联网发展，社会治理模式正在从单向管理转向双向互动，从线下转向线上线下融合，从单纯的政府监管向更加注重社会协同治理转变。要强化互联网思维，利用互联网扁平化、交互式、快捷性优势，推进政府决策科学化、社会治理精准化、公共服务高效化，用信息化手段更好感知社会态势、畅通沟通渠道、辅助决策施政”。

公安机关在警务执法和管理服务中直接与人民群众发生各种直接的互动，从而引发公众对公安工作的强烈关注和监督，一些执法不够规范的行为被网民直接上网公开，通过网络传播迅速引发涉警舆情，成为舆论的焦点话题，引发公安队伍形象危机。公安宣传部门迫切需要掌握移动互联网时代信息传播的新规律、新特点，并在工作实践中不断总结经验教训，做好涉警舆情引导工作。

二、"互联网+政务服务"推动社会治理创新

近年来，"互联网+政务服务"成为各地政府工作重点，社会治理方式不断创新，信息化在经济转型升级和社会发展中的驱动作用日益凸显，信息消费新生态形成，大数据在新型智慧城市建设中的作用不断彰显。加强警务公开、做好警务舆情回应，日益成为公安机关提高社会治安控制能力的内在要求。

（一）信息化引领社会治理模式变革

信息化推动社会治理模式向协同化、精准化、高效化方向转变，大数据、云计算等信息技术不断创新应用，为社会治理带来新理念、新方法、新途径，有利于党和政府更好地感知社会态势、畅通沟通渠道、辅助科学决策。信息化在引领社会治理模式变革中发挥重要的支撑作用，推动治理信息获取向低成本、多渠道转变，促进治理机制向协同共治、集成共享转变，促进治理反应向精准、高效、灵敏转变，加快社会治理方式向开放透明的民主决策转变。

当前，随着"网络强国"国家战略的实施和纵深推进，互联网在推动国家创新和国家治理体系与治理能力现代化中的意义和作用越来越明显，"治网理政"已经成为中国道路"治国理政"在互联网空间和新媒体领域的现实延伸。在"互联网+"战略的持续推进下，城市发展步入以海量数据为典型特征的新型智慧城市建设阶段，大数据将成为新型智慧城市建设核心驱动力。

（二）信息化条件下警察公共关系建设的探索

信息化时代的警察公共关系建设与传统公安宣传工作有很大不同，挑战主要来自社会价值多元化和网络传播碎片化的双重考验。多年来，公安机关继续巩固发展报纸、杂志、广播、电视等传统阵地，又充分利用信息化手段和新媒体资源，创造性地推进平安网站、微博群、微信公众号、微电影、头条号等新型载体建设，在促进涉警舆情分析研判信息化、科学化、规范化上取得新成效，完善

涉警舆情引导和舆情危机处置机制，强化了警察自媒体信息发布管理规范，取得了信息化条件下警察公共关系建设的阶段性成果。

三、碎片化传播的挑战与警察公共关系的价值整合

未来学家阿尔文·托夫勒指出，这是一个碎片化的时代，信息碎片化、受众碎片化、媒体碎片化。信息化时代的一个重要要特征就是碎片化传播和价值多元化，价值体系多元化是碎片化社会出现的基础。

（一）信息传播碎片化考验和谐警民关系建设

信息传播的碎片化表现在信息来源的多元化、观察视角的分散化、信息文本的零散性和信息要素的不完整性，各种社会意见也呈现出异质性和分裂性，传统媒体以往的社会意见一致性在网络新媒体平台被颠覆了，新媒体平台公众意见由各种碎片意见碰撞、冲突形成，给社会治理和社会稳定带来深刻变化和严峻考验，人们自由地在网上抒发即时心情，热衷主观心绪表达，使得不同阶层归属的群体价值进一步分裂与冲突，整合难度加大，也时时刻刻考验着当前和谐警民关系的建设。

（二）警察公共关系建设促进社会价值整合

“碎片化”是网络时代最明显的传播特征，是当前中国社会传播语境的形象描述。社会的和谐发展有赖于各个阶层所代表的利益群体进一步协调立场，通过社会互动实现有效整合，碎片化传播和社会价值多元化趋势是警察公共沟通和传播必须面对的课题。

在这个价值多元化时代，涉警舆情引导的专业运作对社会稳定和公共治理具有重要的整合价值。信息化时代的公安工作早已深入到社会生活的方方面面，相当部分的社会矛盾和冲突最终要靠警察组织去面对和解决，当前的警察公共关系必须在这个趋势基础上进行考量。警察组织运用专业理念、平台与手段整合碎片化信息，成为信息化时代有效传播的引导者和核心价值观的维护者。信息化时

代的警察公共关系建设必须服务于公安整体工作的战略决策，进一步发挥民意引领、舆情引导、新闻宣传、活动策划等职能优势，在加强基础工作上下功夫，在提升战略品牌上做文章，服务既要贴近基层一线实战，更要服务广大人民群众日益增长的对公安工作的新要求和新期盼。

四、坚持“以人民为中心”网络舆论治理理念

2016年8月12日，国务院办公厅发布了《关于在政务公开工作中进一步做好政务舆情回应的通知》（国办发〔2016〕61号，以下简称“61号文”），强调并重申“各地区各部门要适应传播对象化、分众化趋势，进一步提高政务微博、微信和客户端的开通率，充分利用新兴媒体平等交流、互动传播的特点和政府网站的互动功能，提升回应信息的到达率”。

综合党的十八大以来习近平总书记关于新闻舆论与网络治理的四次系列重要讲话，以及对近年来中办、国办跟进出台的相关新政解读，笔者认为，当前，以习近平同志为核心的党中央就中国互联网应用发展与网络安全、信息化建设及互联网舆论治理工作，已经完整阐述了系统性的宏观指导思想体系，完成了顶层设计。“61号文”首次创新使用“政务舆情”一词，透视出国家治理对于来自网络空间的“网络舆情观”的重大理念升级，即赋予“舆情”在社会治理层面的紧密关联性：“网民”的背后是“公民、市民”，“舆情”的背后有民生，民生的背后是政务服务，从而贯通了从“舆情”到“政务”的政府主导责任和主动担当意识。

（一）网络舆论治理必须“以人民为中心”

网络舆情治理必须将互联网意识形态工作、创新新闻舆论工作与网上群众路线的社会舆论引导、政务舆情治理和社会化政务服务相结合，全面布局，同步进行，并行不悖，并重并举，坚持依法治理、系统治理、源头治理和根本治理，利用新媒体这一距离人民群

众最亲近的社交媒介，及时沟通协调，化解社会矛盾。

（二）占领舆论制高点，传播正能量

信息化时代，既要勇于和敢于进行网络意识形态领域的舆论斗争，传播正能量，占领舆论制高点，更要积极正视社会舆论诉怨中那些具体的、客观的、现实存在的基于民生利益诉求的民生舆情。将民怨诉求通过党务政务新媒体的及时协调跟进和积极稳妥处置，逆转回归为我党牢牢践行“全心全意为人民服务”根本宗旨的正能量，始终坚持“任何时候都必须把人民利益放在第一位”，保持党同人民群众的血肉联系，始终与人民心连心、同呼吸、共命运。

（三）互联网治理与社会治理必须同步

政务新媒体的“媒介议政”功能，已然超越了其本身的“媒介传播”属性，综合发展、综合应用，从立足于创新传播的“取悦于民”，向以实际行动惠民、利民和“取信于民”的终极目标升级。尊重民意、顺应民意是现代社会治理理念的最好体现。在政务新媒体平台上，平台工具管理和运行得好不好，也不是政务新媒体自己说了算，而是网民说了算。公安工作能否让人民群众满意，也必须由群众说了算，以人民的满意度作为公安工作的价值追求。

（四）增强涉警舆情意识和处置能力

“61号文”要求建立健全政务舆情的监测、研判、回应机制，对涉及特别重大、重大突发事件的政务舆情，要快速反应、及时发声，最迟应在24小时内举行新闻发布会，对其他政务舆情应在48小时内予以回应，并根据工作进展情况，持续发布权威信息。

为了更全面深入地贯彻通知精神，各地公安机关迅速调整思路，改进工作流程。广东省公安厅对宣传处进行改组，新成立厅新闻中心，将宣传处原有公关、新闻、报纸、影视、网络、舆情等职能归入新闻中心，文化、协理等职能归入隶属政治部的宣传处，实现新设部门与公安部相关部门的有效对接，职能进一步优化。新闻中心成立不久就开展了全省公安新闻宣传（公关）部门业务技能大比武，组织各地市公安机关就新闻发布和舆情应对进行贴近实战的比武演练，提升了全省公安机关宣传队伍的涉警舆情处置能力和新闻发布能力。

五、围绕五大职能完善警察涉警舆情引导长效机制建设

根据中国互联网络信息中心（CNNIC）第40次《中国互联网络发展状况统计报告》显示，截至2017年6月，中国网民规模达到7.51亿，占全球网民总数的五分之一。互联网普及率为54.3%，超过全球平均水平4.6个百分点，手机网民占比达96.3%。以互联网为代表的数字技术正在加速与经济社会各领域的深度融合，成为促进我国消费升级、经济社会转型、构建国家竞争新优势的重要推动力。

面对信息化时代日益增多的民意诉求表达，各地公安机关锐意进取、谋势而动，越来越多地借力政务新媒体，从“机关大院”的后端，“零距离”“屏对屏”“键对键”地走到了直接触摸民情、面对民意的“服务前台”。政务新媒体已经成为各级公安机关服务广大人民群众的重要的“听诊器”，以及警民互动最直接的“接诊台”。微博、微信、公众号、头条号、警务APP自身也由开始的社交功能和媒介属性，拓展延伸为“互联网+社会治理”的平台和工具属性，警民互动构建起线上线下一体化、精细化、科学化的新型社会治理格局，既密切了警民关系，又提升了警察公共关系建设的效能。

展望未来，公安机关将继续围绕警察公共关系五大职能的建设，全方位进行制度创新，通过示范点建设以点带面，努力实现在密切警民交流沟通上拓展出新渠道，在塑造公安良好形象上形成新亮点，在满足人民群众要求和期待上提升公安工作的新效能，在凝聚警心、警力上形成警队的核心价值观。公安机关紧紧围绕警察公

共关系的五大职能开展各项工作，一是根据公众需要、社会环境变化的战略管理职能；二是根据公众反馈意见调整组织行为的沟通管理职能；三是维护警察正面形象和理念的传播管理职能；四是建立反应机制，健全高效的危机管理职能；五是构建广泛社会支持体系的合作管理职能。这五大职能既是当前警察公共关系建设的重点内容，更是今后一个时期内衡量警察公共关系建设成效的主要依据，是各级公安机关在信息化条件下开展警察公共关系建设的努力方向，从而实现移动互联信息化时代涉警舆情引导新跨越。

（作者系广东警官学院公共管理系副教授，中国警察网智库专家）

一个标题是这样产生的

朱根明

“铁血柔情”，在影视剧里往往有固定的套路：主人公无所不能，浑身是胆，无所畏惧，即使面对最凶残的犯罪分子，也能凭借过硬的本领，最终克敌制胜；然而，面对年迈的双亲、美丽的妻子，或可爱的儿女，却万般柔情，甚至不惜违背“男儿有泪不轻弹”的古训。

这是影视剧的“铁血柔情”。人们常说，军营和警营是“铁血柔情”的盛产地，可惜的是，我参加公安宣传工作近十年来，还未真正感受到“铁血柔情”的存在，概因以前的采访多是走马观花或浅尝辄止，没有真正地“走进”他们，尤其是刑警大队的那群可敬可爱的同事。直到2014年的那次采访，才让我真正理解了什么叫“铁血柔情”。

2014年11月30日凌晨，我所在的江西省万年县陈营镇（县城）发生了一起惊天大案。说“惊天大案”并非夸张，因为4名犯罪嫌疑人持枪持刀进行抢劫，1949年以来在我县尚属首次。

当日零时27分，我们接到辖区群众汤某报案称，11月29日20时20分许，她驾驶一辆别克君威轿车在某宾馆停车场停车时，被4名不明身份的男子劫持并索要钱财，随后抢走其家宅钥匙。其中1名男子在车内看守汤某，另外3名男子闯入汤某家中，持匕首和手枪逼迫其丈夫打开家中保险柜，抢走4.8万元现金及金银首饰等财物。之后，看守男子由于打不通其他3名男子的电话，以为事情败露，于是驾车逃跑。汤某趁看守男子驾车减速之际，趁机跳车逃离，但其轿车被抢走。

接报后，刑警大队大队长江新汉带领大队一行人迅速展开侦查工作。通过调取视频和调查走访，迅速锁定了负责看守汤某的犯罪嫌疑人徐某。经过进一步调查，金某等其他3名犯罪嫌疑人也被迅速锁定。

此时的徐某驾车迅速逃窜。警方发现徐某正往浙江龙游方向逃跑。上午10时许，浙江省龙游县警方接到我局的协查后，围追堵截被抢汽车，但徐某却以近180公里的时速驾车撞向警车拒捕。将警车撞翻后，徐某驾驶的车子也撞向路墩，又在地上翻滚了几圈。在回看视频时，我感觉，这种场面的激烈和危险程度，丝毫不亚于香港警匪枪战片。徐某最终受伤被抓。

徐某虽然归案，但主要犯罪嫌疑人金某等人仍逍遥法外。他们手中有枪，让他们多在社会上“逍遥”一分钟，群众就多一分危险。为了尽快将犯罪嫌疑人抓获归案，江新汉等一班人穷尽一切力量、手段、措施，多点“开攻”，多路“进攻”。功夫不负有心人，12月16日，江新汉和同事们终于寻觅到金某等人的行踪。然而，令所有人都没有想到的是，在抓捕时，上演了“枪战片”，而且子弹还与江新汉有一次“亲密接触”。

在随后的采访中，不善言辞的江新汉给我讲述了当时惊险的一幕——

在对犯罪嫌疑人的车辆进行堵截后，我手握手枪，带领弟兄们迅速围堵上去，并大声表明身份，命令他们将四个车窗摇下来，把手伸出来接受检查。但是，犯罪嫌疑人不仅没有按照我们所说的去做，反而打开后车门直接朝我们射击。由于我冲在最前面，子弹朝我呼啸而来，握枪的右手臂顿时一阵疼痛。我感觉我中枪了。作为现场的指挥员，我没有慌乱，立即开枪反击。最终，犯罪嫌疑人金某迫于压力，饮弹自尽，其他犯罪嫌疑人全部被成功抓获。据被抓获的犯罪嫌疑人交待，他们手中的手枪都是从广东购买的。

我知道，现场的惊险程度远远不像江新汉所说得那么简单和轻松。果然，视频回放以及其他同事的描述证实了这一点。

在现场，江新汉没有表现出任何紧张甚至是害怕的情绪，他担心他的丝毫退缩都会影响其他战友。事后在采访中，他道出了他的心里话——

虽说当警察有危险，但危险来得这么突然和“直接”，着实令我后怕。如果没有亲身体验，没有人能够体会子弹与身体“亲吻”的瞬间是多么令人震惊。如果子弹稍微偏一点，后果将不堪设想。虽然我们知道犯罪嫌疑人手中有枪，有一定的心理准备，但冷飕飕的子弹从手臂上擦过的一刹那，还是将我惊出一身冷汗。事后，我非常后怕，很久都沉浸在那种与死神擦肩而过的恐惧当中，甚至一度从梦中惊醒。

故事叙述到此，采访基本结束。但让我纠结的是，虽然框架已搭好，但标题还没有着落。

在从现场回来的车上，江新汉一言不发，不知是沉浸在抓捕现场的惊险当中，还是有其他的心事。我知道，他不仅是累了，还有诸多难言的“苦”和“痛”。我们一路无语。在快接近县城的时候，突然，一阵电话铃声骤然响起。我们惊得浑身一激灵。江新汉憨厚地朝我表示歉意：女儿电话“查岗”了。他的女儿我认识，正在读高三，马上面临高考。虽然我并没有“偷听”的意思，但车内安静得很，我清晰地听到她女儿的埋怨：“爸爸，我连续一个多星期都没有看见你，我都读高三了，你怎么一点都不关心我。”此时，江新汉的嘴唇动了几下，但没有发出声音。过了很久，他才一个劲儿地向女儿赔不是。此时，我看见江新汉的眼中有泪珠在打转。挂断电话后，江新汉朝我略显尴尬地笑了笑，大有一种“劫后余生”

的感觉。他对我说，刚才真想对女儿说一句“女儿，你差点儿就再也见不到爸爸了。”

我为江新汉的这句话“黯然神伤”。蓦然，灵感袭来，报道标题不也有了吗：“女儿，你差点儿就再也见不到爸爸了！”

2015年2月5日的《人民公安报》第二版头条，刊发了由我整理的故事“讲述”，标题就是：女儿，你差点儿就再也见不到爸爸了。

（作者系江西省万年县公安局民警）

记忆中那丛独特的“红珊瑚”

蓝　茹

有些事，如沙滩上的脚印，海浪过后便了无痕迹；有些事，则如海底的红珊瑚，始终鲜亮地摇曳在记忆的深海中。2016年仲夏时节，过山车一样起伏反转的“长征路上的坚守”采风经历，就是其中最鲜活、别样的一丛红珊瑚。

也许感念于我们9个多小时的长途跋涉，与第一位采写对象倪斌所长交谈了十多分钟，我就自信满满地认为：主攻方向有了！就围绕他“单独珍藏的那枚奖章”做文章。

倪所长向我介绍派出所会议室墙壁上的奖状、锦旗时，说到当年获得的那张“先进集体”奖状时，两眼放光，语气里溢满幸福和自豪，而说到那年他个人获得的那枚三等功奖章时，那神色，如同奥运选手站在冠军领奖台上一样。

莫不是那是他第一次立功受奖？我暗想，于是委婉地问他：到目前立过几个三等功？

他说：四个。但他最最珍爱和看重的，是他任所长第一年时获得的那枚三等功奖章。他把它单独珍藏在一个抽屉里，那个大抽屉又单独占据了他家柜子的一层。

为什么如此偏爱这枚三等功奖章？顺着他的话头，我切入了采访的正题。

倪所长却突然红了眼圈，略带哽咽地连声说：太不容易！太难了！

我心头一震，是不是自己说了什么不该说的话？于是我赶紧笑着说：是不是因为这枚奖章是你“新官上任三把火”中“第一把火”烧出来的？

他也笑了，之后抬起头，挺直腰，如播报新闻似的努力字正腔圆地说：“它是火烧出来的！也是在雨水和泥石流中泡出来的！”……

转眼50多分钟时间过去了，带队的杨老师问我采访得怎么样了，说已是晚上9点多了，第二个采访点上的领导还在40多公里外的地方等着我们，说要不然返回来时再补充采访一下。

我信心十足地汇报说：采访得差不多了，甚至连标题都已经想好了。

但真正开始写作时，这篇采访最顺利的文章，却是三篇作业中写得最难、最费力的一篇。那感觉，就像弹唱一首熟悉的曲子，总也找不准调门一样。我不得不一遍遍地回想采访时的情景。

突然，倪所长给自己当年这个“菜鸟”所长竖起了一个大拇指。这个细节让我眼前一亮。作为新上任的所长，能比较成功地应对和处置那场百年不遇的泥石流警情，让他发现自己这名当过13年刑警的老警察，“当一名派出所所长还是有一定的实力和潜力的，关键时刻也还是能够拉得出、冲得上去的”。他从中悟到，人真的可以靠着责任、勇气和担当精神来克服和战胜人性的弱点，如面对巨大灾难时本能的惊慌、恐惧、悲伤、无助甚至绝望等。

人生没有彩排，哪个人的一生中，不会碰到“菜鸟”一样孤苦无望、几近崩溃的“第一次”？我们该如何应对事态和面对自己？或许“那枚单独珍藏的奖章”里，有我们需要的答案。

第三位人物的采写与此恰恰相反，采访时不顺利，写作时却一气呵成。

不记得有过如此令人难堪的采访，交谈了近两小时，却一点儿感觉也没有找到：该从哪个角度，为这位从警时间最长的禁毒民警立照呢？我满耳满脑都是这位胡警官如何像居委会大妈那样，调处千奇百怪的邻里纠纷、打架斗殴等事情，那些事像乱麻一样缠着当初的他和此时的我。

怎样写作，才能不重复自己，也不重复别人呢？在我脑中一片空白时，忽然有人敲门进来问胡警官晚餐的事。

送走来人后，胡警官面带自豪和神秘地问我：看出我走路与别人有什么不同没？我注意到了，他走起路来，微微有一点儿跛足。

胡警官乐呵呵地说：我在一次给单位拉装备的途中，出过一次车祸，医生曾断言，我再站起来的可能性几乎没有，但现在走起路来，与正常人没有太大区别。我立马像发现新大陆一样问他：能否详谈一下那次车祸的情景？

他说：可以，只是快到晚饭时间了。我有些失礼地抢过话头说：晚点儿吃没关系，也许这故事里就有与众不同的亮点呢。

胡警官便如写消息稿一样，把车祸发生的时间、地点、人员和他本人受伤、治疗、康复等情况给我速描了一番。

我忽然“精神”起来，连珠炮似的追问，把他拽回二郎山下，那个让他成为六级伤残者的车祸现场……胡警官就提议带我去大渡河上的铁索桥上实地看一看，说或许好多情况我自然就明白了。

他果然健步如飞，我勉强跟着他。上铁索桥刚走了几步，连日奔波的疲劳感加上汹涌的河水让我头晕目眩，感觉自己随时都会像一根小小的牙签，从梳子一样排列的桥缝中掉进浪花翻卷的大渡河里。

他又呵呵地笑着说，我的样子，就像车祸后他第一次通过铁索桥时的样儿。他为了转移我的恐惧感，毫不隐瞒地给我讲了车祸、脱胎换骨似的康复和第一次走过那座桥时的挣扎、艰难和坚忍，把我的思路一下拓展开来。

返回时，我已能如履平地般的走在仍然晃晃悠悠的铁索桥上。望着桥对面阳光下的山青、瓦红，我一边想象当年红军飞夺泸定桥的情景，一边想象车祸后的胡警官，当时如何顽强地走过这座桥，完成了一位“腰椎错位、开过胸、破过肚”的重伤者灵与肉的双双康复……

感觉找到了，交流就顺畅多了。胡警官的思绪也如滔滔的大渡河水，轻松地忆起了童年时与母亲一同去红军太姥爷那儿蹭美食的故事。我没用录音笔，却悉数记住了我们沿着大渡河畔边走边聊的这些故事。

两篇报道截然不同的采写经历，让我懂得：采访时浅尝辄止，写作时就会捉襟见肘；仅找到溪流还不够，须得身心俱入、溯流而上，找到新闻的源头才可见精彩。

（作者系山东省济南市公安作协副主席兼秘书长）

《藏乡派出所的“自家人”》及采访感悟

谭　成

坑坑洼洼的土坯“搓板”路面，交织着近在咫尺的雪线，在冷峻入云的松柏的映衬之下，蜿蜒环绕在山间。冬日里一丝丝难得的阳光，裹挟着巴松措湖特有的刺骨凌风，吝啬地嵌入了这个海拔3400米以上的小镇。看看手表，下午6点34分，当最后一缕阳光被山间林木收回余晖，车外温度也已经骤降至零下十摄氏度左右。透过雾气重重的窗子，勉强能看见空荡荡的路上，偶尔有裹着厚厚大衣步履蹒跚的老人，还有闲散觅食的藏香猪。

如果不是因为采访，恐怕很难在这个严寒的季节来到西藏林芝地区南部的边陲小镇——错高乡。来之前就听说，在错高乡派出所，有这么一位被当地藏区干部群众称为“自家人”的武宁副所长。恶劣的气候和环境，让这位坚守多年的基层派出所民警充满了神秘感。

2015年12月27日，我受报社指派从北京千里奔波来到西藏工布江达县错高乡，怀着所有的好奇来见见这位传说中的“武所”。一路上遇到的所有人对他的评价出奇一致：“武所，很接地气。”“说话做事都像个地地道道藏族小伙儿。”几乎所有的人又都提醒我们应该见见他，“武所人很憨厚，做过的事儿太多。”

“语言通了，人家才把你当自己人不是?”

说真的，在派出所门口，我第一次撞上武宁，几乎没认出来。

见过太多的被采访人刻意表现的套路，武宁反倒显得很拘谨，黝黑的皮肤映衬着典型高原红的脸蛋儿，反复搓着双手，连连表示："条件蛮有限，没想到你们来得这么快，大家正准备出去巡逻的。"七八个民警也互相收拾，整装待发。

武宁一边带着队伍巡逻一边简单地介绍当地情况，"错高乡这个地方人口不多，千来号人，几乎都是藏族同胞，但面积有 160 多平方公里，部分村落交通到今天也很不方便。夏天旁边的巴松措湖景区游人蛮多，经常会出现纠纷。我们派出所只有 8 个人，治安管理确实有难度。"

"大家都说你藏语不错，和当地群众打交道很顺溜儿。他们说只看你长相，几乎都以为你是当地人，是从小就会吗？"我迫不及待地问。

"哪能啊，我是山东人，2006 年西藏警校毕业后，就被分配到错高乡。中间也换过好几个地方，但几乎都在基层，周围群众都说藏语，硬着头皮也得学啊。"

武宁又谦虚地解释，"其实也就学了个皮毛，这里的藏语方言很多，当地人互相之间也不一定听得懂，很多时候我也只是半蒙半猜。很多也靠所里洛桑这样的藏族小伙子翻译。"

说完手一指，队伍里一位黝黑皮肤的小伙子有些腼腆地"嗯嗯"回应着。

"语言通了，人家才把你当自己人不是？"武宁接着说，"乡镇不大，人来人往乡里乡亲的，经常走动拜访，80% 的当地群众我几乎都认识。"我注意到，一说到工作，武宁加快了语速，兴奋了不少。

"错高乡去年刑事案件无发案，治安案件案发 5 起，破获 5 起。"陪同我们一起来的工布江达县公安局陶启文副局长在旁边补充说。

记者感悟：真正的好新闻是在基层脚踏实地走出来的，优秀的典型人物是靠记者贴身采访挖掘出来的。对于呈报上来的先进人物事迹，记者一定要有“去魅化”意识，实地去采访询问，问几个为什么，通过身边人核实下具体细节。当下公众越来越厌恶刻意包装出来的“高大上”人物，这要求我们从小事着手，从细节出发，将传统意义上刻板化的英雄形象还原为群众身边有血有肉的普通人，这样才能最大限度地激发读者情感共鸣，达到最佳传播效果。

武宁本身作为工作在藏乡的汉族干部，从事着基层派出所工作，并没有太多惊天动地的事迹，但是深入实地走访，会发现正是这些一点一滴的小事，使他在藏乡干部群众当中享有崇高威信。只有将采访重点放在日常小事上，挖掘人物背后的故事，人物整体形象才会逐渐鲜活起来。

“喝杯茶，不要急，说出来就好。”

正说着，之前打过招呼的名叫洛桑的小伙儿接到一个电话，神情突然紧张起来，和武宁耳语几句，便行色匆匆地往派出所的方向赶。

“怎么了?”我不解地问。

“当地藏民两家邻居为杀错一头藏香猪在争执，可能会动手。得赶在事态扩大前赶紧去看看。”武宁眉头拧成一团，抖了抖裤脚，“我们赶过去看看，洛桑、顿珠他们几个回去开车带着设备先去。”

一路上，武宁介绍了基本情况。原来藏香猪是错高乡的特产，营养价值和经济价值都很高，在市场上很受欢迎。当地各家的猪基本属于散养，喂养和捕杀靠的是互相之间的默契和信任，因此认错自家猪也很正常。

冬季捕杀高峰期，每周派出所会为此调解一两次。但是一旦处理不及时，双方几句话说过了头，也可能升级成群体性械斗。

路不远，不到半个小时就到了现场，两家依旧在推搡争执。已经被宰杀的藏香猪被扔在一边。一旁准备给藏香猪褪毛的锅里，沸腾的水上下翻滚着。

“怎么回事，事情不大，怎么动手了?”武宁用纯熟的藏语厉声制止着。大概是怕现场的人听不懂，随即用汉语又说了一遍。

一个身着棕黄色羽绒服年龄较大的当事人一听武宁所长的声音，立马回过头，结结巴巴地用不熟练的汉语说道：“武所，要评评理，他家偷杀我家母猪仔仔。”

另一个身穿传统半肩藏服的年轻小伙子听闻，推搡对方，嘴里嘟囔着，情绪很激动。

武宁立马上前，和同事一起分开两人。随后蹲下来，与之前赶到现场正在做记录的民警洛桑交流了几句，嘱咐道：“先都回所里，现场拍几张照，注意保留证据。”

声称丢猪的名叫多吉，据他介绍自己今年把其他猪都宰杀卖掉了，只留了一头小母猪。没想到突然失踪了，几天后在邻居家找到，但是已经被宰杀了，便提出赔偿要求。

另一方当事人名叫索朗伦珠，本来承认此事，但赔偿价钱上谈不拢，就立马改口声称宰杀的是自家的藏香猪，与多吉家无关。双方急了眼，几乎要动手。

“双方各执一词，都没有什么过硬的证据。”回到所里，我感到很挠头。

“这样的事很常见，虽属鸡毛蒜皮，但处理不及时，也容易弄大，不过我们也总结了一套方式方法。”表情一直都很严肃的武宁露出了一丝不易察觉的笑容。

双方当事人被分开在两个调解室里。“都是自家人，喝杯茶，不要急，说出来就好。”武宁和缓地说着。

同时，他不时提醒民警洛桑：“让他们用藏语说更自然顺溜儿，翻译翻译。”办公室的气氛随着几句贴心的话，和缓了很多。

本来情绪激动略显委屈的多吉声势上也降了不少，大概是担心武宁听不懂藏语会“拉偏架”，依旧执拗地用结结巴巴的汉语嘟囔着：“得5000，我家是个母猪仔仔，特地选的，品种好，明年还会生小猪仔仔，小猪仔仔还会生小猪仔仔……”

武宁轻松地耸了耸肩：“我就说多吉哥你就是太厚道了，算什么都比我这个脑袋清楚。”随后爽朗地笑了笑，“但要是这么算，这件事就没完没了不好解决了。你看是不是咱平心而论，你家藏香猪是山下的，这个季节平时的价位也才1500。早点解决，你也少点损失不是?”

几句俏皮话，让多吉顿时没了话讲。

武宁见稳定了一方情绪，又马上对另一方索朗伦珠做工作。“你说是你家的猪，都啥特点。”武宁一进门就开门见山，严肃地问道，立马把刚刚有点“横气”的索朗伦珠给镇住了。

索朗伦珠每说一条特点，武宁就立马嘱咐同事核实。几个回合下来，在事实面前，索朗伦珠不得不低头承认是自己错了。

“杀错了没啥丢人的，很常见嘛，多大个事儿嘛。乡里乡亲的，伤了邻里和气多不好。”武宁拍拍索朗伦珠肩膀，很快转换角色，充当起了“和事佬”的角色。索朗伦珠也不好意思地表示：“听所长的。”

最终在武宁的斡旋下，双方就赔偿事宜达成了一致。一场冲突就这样被化解得烟消云散。

记者感悟：上面千条线，下面一根针。基层公安工作复杂而又烦琐，充满了不确定性和突发性。记者一定要有当“小学生”的意识，采访过程中要认真观察，虚心请教基层工作的实际经验和方法，对话姿态平等平和，不要盲目“指点江山”主观臆断。在工作在城市的公安同行看来，武宁调解藏乡居民冲突的方法，传统老土不一定靠谱。但是正是这种“戴高帽”“顺着说”“隔离调解”等基于当地实际的“土方法”，却能成功地调解冲突，降低“民转刑”的可能性。记者的职责，就是客观如实地记录反映。

“见到你们来就高兴。”

第二天早上9点，对于藏区而言，由于海拔较高，天却依旧蒙蒙亮，昨夜的瑟瑟寒意还未退去。

错高乡派出所没有暖气、空调，甚至因为经费有限，电暖气都很少开。夜晚零下十几摄氏度的严寒，让人只能裹着被子辗转反侧。

长年驻扎于此的8位民警却已经习惯这种艰苦环境，在完成了例行的早点名后，武宁干净利落地分配了任务：走访错高村和结巴村，巡查当地治安状况，宣传和普及法律常识。这是派出所每周的“必修课”。

藏区坑坑洼洼的沙土路，让我们像喝醉酒一样在车上“一起摇摆”，好在首站错高村距离乡里只有半个小时的路程。

一进村下了车，就赶上村长旦增罗追在给村里小孩发放山外爱心人士捐赠的衣物。武宁副所长和民警主动上去，接过村长装衣服的袋子帮忙。

“村里的留守藏族儿童蛮多的，父母去拉萨、四川打工，留下老人年纪都大，需要格外嘱咐下安全事项。”武宁一边逗着村里“鼻涕虫”伦珠，一边用汉语简单地和我解释着。

村长旦增罗追介绍道，武宁担任错高乡中学的法制副校长，每年都会在开学时和放假前进入学校，给学生们进行安全知识和法律常识的普及教育。

另一组民警王宝和王波紧锣密鼓地从警车后备箱里，搬运出两箱蔬菜。“这是要干嘛？”我心里疑惑道。

“冬天村里交通特别差，几乎吃不到新鲜蔬菜，乡里只有一家卖菜的，每次我们来都会给当地驻村民警和村民带点菜。”民警王宝解释道。

“都是你们民警自己掏钱吗?”

“没错。一般我们每周都会进行常规的驻村治安巡查和走访，眼瞅着会到饭点，回派出所不现实，当地藏族老乡又太热情留着吃饭。所长都会要求我们主动买点蔬菜，老乡们都可喜欢这个了。”另一位正在搬菜的民警王波补充说。

村子不大，大概是听说武宁来了，消息传得很快。村里男女老少都像过年赶集一样，从各个角落“冒出来”。藏族同胞特有的高原红脸蛋儿上闪动着朴素的笑容，交头接耳地重复着简单音节。

“他们都在说啥?”

“见到你们来就高兴。”民警王波向我解释，“原意不懂啊，听多了，大概就是这个意思。”

洁白的雪山之下，我也被这喜庆气氛感染。

记者感悟：做记者的，天然地有为采访对象美化修饰语言的冲动，总觉得这样会显得更规范合理。但实际上，“从群众中来再到群众中去”，现场采访的鲜活语言，才真正具有打动人心的文字力量。武宁和当地群众的交流其实都是家长里短，按照一些人的说法，属于搬不上台面的“乡音土语”，但是正是这些接地气的语言，却能够最直接地勾勒出一个扎根基层奉献群众的优秀民警形象。在实际写作的取舍当中，宜尽量采用原汁原味的语言，这就最大限度地保留了采访的现场感，给读者耳目一新的感觉。

老阿妈：“所长像父母一样照顾我。”

第二站我们驱车来到结巴村，主要是慰问帮扶对象央金老阿妈。路上武宁简单介绍了他与这位老人的缘分。

2014年11月武宁在下乡办事的路上，遇到正在搭车回家的央金老人。经过沟通了解，知道她家在村里属于典型的困难家庭，儿子在外打工，儿媳患病，还有个年幼的小孙子，央金作为一个身患多种慢性病的老太太，不得不独挑大梁，四处“跑腿讨生活”。

说着就到了央金老阿妈家门口。听到熟悉的喇叭声，央金老阿妈颤颤巍巍地走过来，单薄的身体仿佛随时会被大风吹起来一样。她抱住主动迎上来的武宁，布满褶皱的脸，贴着武宁脸颊，嘴里反复说着类似“扎西德勒”的祝福语。

老阿妈在武宁的搀扶下进屋，扬了扬手，吩咐儿媳倒上酥油茶。没等大家寒暄完，老阿妈就主动打开了话匣子。

坐在一边的武宁尴尬地摇摇头表示，央金老阿妈的藏语方言自己也不是全懂。

旁边民警帮忙翻译。我这才知道，每个月武宁都来探望四五次，每次都带着蔬菜大米嘘寒问暖。知道央金老阿妈经济拮据，武宁主动协调相关部门，帮助其申请低保；联系县里藏香猪扶贫项目，并在2015年3月一次性自掏腰包帮助老阿妈购买了十头种猪。其间还组织派出所民警两次帮助老阿妈修理猪圈，最终使央金一家脱离了贫困。

在交谈的空暇，帮忙翻译的民警突然偷偷问我：“刚才阿妈有句话，不知道该不该翻译出来。怕你们觉得有点假。”

“什么话，可以说说吗?”

“老阿妈说，所长像父母一样照顾她。”民警有些不自在地说道，“确实有点突兀，但是肯定没错，我听她说了好几遍。”

我也很诧异，但是看着民警肯定的眼神，细想却不无道理。都说性格是越老越小，武宁这种事无巨细的关照和帮扶，老人的话不正是发自内心的最高褒奖吗!

慰问完央金家，之前跟在队伍屁股后，一直没说话的藏族孩子扎西马上揪住武宁的衣角，用不纯熟的汉语怯生生地问：“所长，是不是该去我家了，阿妈等了好久了。”

所长笑了笑，也顺便介绍了小扎西的情况。小扎西今年不满16岁，初中刚毕业，曾经是结巴村出了名的问题少年。父亲之前受过刑罚，在街坊邻居的冷言杂语中长大的小扎西意志消沉，再加上进入青春期后非常叛逆，母亲一个人难以管教。不留神就撞到武所的“枪口”上了。

“和小扎西结缘挺巧，也就是最近的事。今年10月在处理一次打架斗殴事件当中，第一次见到他。”武宁见大家开小扎西玩笑，也帮忙解围，“发现他年纪太小又没读书，家里人也管不住，就领到所里先教育着。”

几句闲聊就到了小扎西家，环顾四周发现，一个破旧的发黄的藏床上，摆着几乎要磨破的被褥，空荡荡的屋里甚至看不到几件像样的电器，透着昏暗的光线，让人唏嘘感慨。

坐定后，一直没说话的小扎西的妈妈德吉措姆突然紧张地用眼神示意武宁，似乎有难言之隐。武宁敏锐地捕捉到小扎西妈妈的情绪变化，主动用藏语与其沟通。原来因为小扎西经常在家和派出所两头跑，孩子很辛苦，武宁给他买了一部山地自行车。然而，敏感的小扎西妈妈以为派出所不想管孩子，要送他回家，这次遇到了武宁，反复念叨一句话：“500块还你，孩子留在派出所行不?”

“没事，没事，这孩子我肯定管到底!”了解原委的武宁突然站起来摆了摆手，现场表态，“我们还准备让他上高中上大学，将来干公安。”

“嗯嗯，长大了我要和所长一样，当警察干公安。”小扎西重复着武所的话。大家相视而笑。暮色降临，伴着浓郁的酥油茶的香气，这种默契的笑容显得如此动人。

记者感悟：对于不同寻常的事迹内容，记者一方面要保持高度的敏感性，梳理其中容易吸引读者的“爆点”；另一方面要保持近乎苛刻的警惕性，实地落实每一个细节，防止过于拔高形象造成报道失实。藏族老阿妈夸赞武宁“像父母一样照顾我”的言语，在采访过程中确实让人震撼。但是震撼之余，又要防止被采访对象是被诱导而刻意表现的。如何把握这其中的尺度，既保证新闻真实性，又不失去人物原有的本色，需要记者认真与相关当事人进行沟通，从细微处进行判断，以实现二者的平衡。

（作者曾任中国警察网编辑）